Das große Buch vom Rößlein Hü

Das Rößlein Hü
Das Rößlein Hü fährt wieder in die Welt

Das große Buch vom Rößlein Hü

erzählt von Ursula M. Williams und Franz Caspar

Benziger

Die Originaltitel lauten:
«*Adventure of the little wooden horse*» *von Ursula M. Williams*
George G. Harrap & Co. Ltd., London
Berechtigte Übersetzung aus dem Englischen
von Franz Caspar
© *1943/1963 Benziger Verlag Zürich, Köln*
«*Das Rößlein Hü fährt wieder in die Welt*» *von Franz Caspar*
© *1962 Benziger Verlag Zürich, Köln*

3. Auflage 1982, 15. Tausend
© *1979 Benziger Verlag Zürich, Köln*
Hergestellt im Graphischen Betrieb Benziger, Einsiedeln
ISBN 3 545 31102 3

Die lustigen Abenteuer des Rößlein Hü

erzählt von Ursula M. Williams

illustriert von L. Brisley

Onkel Peter schnitzt ein Rößlein

Eines Tages schnitzte Onkel Peter ein kleines hölzernes Rößlein. Das war eigentlich nichts Besonderes, denn das Spielzeugschnitzen war schon immer Onkel Peters Beruf gewesen. Vom Morgen bis zum Abend saß er droben in seiner luftigen Dachstube und schnitzelte die prächtigsten Puppen, lustige Kasperlefiguren und sonderbare Tiere aller Art. Aber das Rößlein, das er heute gemacht hatte, gefiel ihm doch über alles. Immer wieder stellte er es vor sich hin auf die große Hobelbank und schaute es von vorne und hinten und von beiden Seiten an. Und er streichelte liebkosend die eben erst angeleimte struppige Mähne.

«So ein flottes, prächtiges Rößlein habe ich in meinem Leben nie gemacht», murmelte Onkel Peter in seinen Bart, «da kann ich mindestens einen Taler dafür verlangen.»

Schon wollte er die vielen Messer und Spachteln und Sägen zusammenpacken, um seinen Abendspaziergang zu machen; da hielt er plötzlich inne und hätte vor Staunen wohl bald das Schnaufen vergessen.

Wahrhaftig, aus den Augen des hölzernen Rößleins rollten dicke Tränen und kugelten herunter über die frische, braune Farbe der Backen.

«Hör doch auf», rief Onkel Peter ganz erschrocken. «Die Farbe geht dir ja weg, wenn du so weinst! Und was gibt es denn da überhaupt zu weinen? Muß ich dir etwa auf der Seite ein paar Tupfen mehr machen? Oder brauchst du größere Rädchen? Oder hinkst du etwa gar? Doch sicher nicht! Ich weiß wahrhaftig nicht, was du zu weinen hast. Gewiß werde ich dich für einen Taler verkaufen!»

Aber die Tränen rannen weiter über die frisch gestrichenen Backen des kleinen hölzernen Rößleins. Da ging dem Onkel Peter die Geduld aus. Er packte das Rößlein und warf es in weitem Bogen auf den großen Haufen der Spielsachen, die er morgen verkaufen wollte. Das Holzpferdchen sagte kein Wort, aber es weinte weiter still in sich hinein. Und als es dunkel wurde und alle andern Holztiere und Puppen in dem großen Sack unter Onkel Peters Stuhl schliefen, da rannen noch immer die heißen Tränen über die Backen des hölzernen Pferdchens.

Endlich wurde es Morgen. Unser Rößlein hatte die ganze Nacht kein Auge zugetan. Onkel Peter trank nur schnell ein wenig Kaffee, nahm dann den Sack auf den Rücken und marschierte los, um all die schönen Spielsachen zu verkaufen.

In jeder Stadt und in jedem Dorf, wo Onkel Peter hinkam, eilten die Kinder zu ihm auf die Straße und riefen:

«Der Onkel Peter ist wieder da! Der Onkel Peter ist wieder da mit seinen feinen hölzernen Spielsachen!»

Dann kamen aus den Häusern die Väter und Mütter, Großväter und Großmütter, die Onkel und Tanten, Vettern und Basen, und sogar der Pate oder die Patin. Alle wollten sehen, was Onkel Peter wieder Neues geschnitzt hatte. Die Buben und Mädchen, die gerade Geburtstag oder Namenstag hatten, waren besonders glücklich, denn sie bekamen die schönsten Spielsachen. Sie konnten auslesen, was sie wollten. Und auch die Kinder, die das letztemal ein gutes Zeugnis aus der Schule heimgebracht hatten, kamen natürlich gut weg. Ihnen kauften die Paten und Patinnen Griffelschachteln, farbige Lineale und Federhalter, fast schönere, als der Lehrer selbst hatte.

Die Kleineren, die noch nicht in die Schule gingen oder höchstens in den Kindergarten, bekamen Puppen mit beweglichen Armen und Beinen, geschnitzte Tiere aller Gattung: Pferdchen und Kühe, weiße Schäfchen und wilde Zicklein, auch Häuschen und kleine Möbel für die Puppenstube, wie man es gerade haben wollte. Auch Kreisel hatte Onkel Peter geschnitzt, die halbe Stunden lang tanzten, ohne umzufallen, wenn man sie geschickt antreiben konnte. Waren die Kinder mit Auswählen endlich fertig, so gab jedes dem Onkel Peter die Hand zum Abschied. Und noch von weitem riefen sie dem guten Alten zu: «Komm recht bald wieder! Der Onkel oder der Großpapa kauft mir schon wieder etwas!»

Die Erwachsenen aber blieben noch ein schönes Weilchen bei Onkel Peter stehen und plauderten mit ihm über alles, was in der großen Welt draußen passierte. Es gab nämlich damals an den meisten Orten noch keine Zeitungen. Und von einem Radio wußte überhaupt noch kein Mensch etwas. Onkel Peter war fast der einzige, der in die Dörfer der ganzen Umgebung hinaus die neuesten Nachrichten brachte.

Sein hölzernes Pferdchen kaufte ihm aber niemand ab. Denn sogar dem freigebigsten Onkel war ein Taler zu viel.

«Könntest du nicht ein wenig heruntergehen mit dem Preis? Ein ganzer Taler ist doch zu teuer», sagten die Leute. Aber dem Onkel Peter schien sein Rößlein so gut geraten, daß er es nicht einmal einen Groschen billiger geben wollte.

«Schaut doch nur einmal her», sagte er zu den Leuten, «so ein Prachtrößlein habe ich noch nie gemacht. Wahrhaftig, da dürft ihr um den Preis nicht markten.»

Die ganze Zeit standen dem kleinen Holzpferdchen die Tränen in den Augen. Es schaute so traurig in die fremde Welt, daß Onkel Peter mitleidig fragte: «Mein liebes Rößlein, was fehlt dir eigentlich? Bist du denn nicht zufrieden mit deinen prächtigen grünen Rädchen, den schönen blauen Streifen und dem roten Sattel? Da möchte ich jetzt endlich einmal wissen, was es denn da zu weinen gibt!»

Da tat das Rößlein einen tiefen Schnaufer und schluchzte laut: «Ach, Meister Peter! Ich möchte nicht von dir fortgehen. Bitte, verkauf mich nicht, ich will dein braves Rößlein sein. Immer, immer möchte ich bei dir bleiben. Ich brauche gewiß nicht viel: hie und da ein wenig Farbe, wenn sie mir irgendwo abgegangen ist, und jedes Jahr einen Tropfen Öl für die Räder. Bitte, verkauf mich nicht. Ich will dir treu dienen mein Leben lang, wenn ich nur nicht so allein in die fremde Welt hinaus muß. Oh, bitte!»

Onkel Peter kratzte sich hinter den Ohren und blickte ratlos auf sein hölzernes Rößlein.

«Wohl, das ist jetzt schon zum Weinen», sagte er endlich, «die andern Puppen und Tiere freuten sich immer, wenn sie die Reise in die große Welt antreten konnten. Aber wenn halt niemand einen Taler für dich zahlen will und du einfach nicht fortwillst, so behalte ich dich eben. Und vielleicht werden wir noch gute Freunde.»

Das Rößlein schien noch einen Kummer zu haben.

«Meinst du nicht, Meister Peter», sagte es, «ich sollte doch einen Namen haben, damit du mich rufen kannst, wenn du mich brauchst?»
Onkel Peter zupfte an den Barthaaren.
«Was meinst du, kleines Rößlein, wenn ich dich ‚Hü' nennen würde?» fragte er nach einigem Nachdenken. «Hü ist wirklich ein schöner Name für ein Rößlein, und auch alle Kinder haben diesen Namen gern.»
Da konnte das hölzerne Pferdchen vor lauter Freude nicht mehr ruhig stehenbleiben.
«Hurra, jetzt bin ich das Rößlein ‚Hü' vom Onkel Peter!» wieherte es, so laut es konnte. Und es sauste dreimal im Kreise um Onkel Peter herum.

*Hü und Onkel Peter werden gute Freunde,
aber Onkel Peter wird krank*

Onkel Peter und Hü wurden wirklich gute Freunde. Wohin auch Onkel Peter ging: das hölzerne Rößlein begleitete ihn und trug auf seinem rot gemalten Sattel den Sack mit den Spielsachen. So mußte der alte Peter nicht mehr tiefgebeugt unter dem schweren Sack von Dorf zu Dorf marschieren, sondern konnte aufrecht gehen wie ein junger Mann.
Auch sonst machte sich Hü nützlich. Es trug zum Beispiel alles Geld. Wenn Onkel Peter gute Geschäfte gemacht hatte, schraubte er Hü den Kopf ab und steckte alle Münzen in die leere Bauchhöhle hinein. Und nachher setzte er den Kopf wieder an.
Hü war stolz auf diese kostbare Last. Und natürlich hätte kein Mensch gedacht, daß im Bauche des kleinen Rößleins ein ganzes Häuflein von großen und kleinen Silberstücken verborgen lag.
«Wie glücklich ich doch bin», sagte sich Hü immer wieder und war lustig und munter von morgens früh bis abends spät.
Aber eines Tages, als sie wieder durch ein Dorf zogen, kam kein einziges Kind auf die Straße, um Onkel Peter zu begrüßen und die neuen Spielsachen anzuschauen.
«Wie ist das möglich?» sagte Onkel Peter kummervoll und runzelte die Stirne. «Sind die Kinder etwa in der Schule?»
Aber es war nicht Schulzeit, denn eine ganze Schar von Buben spielte am Bache.

Warum jauchzten sie nicht wie sonst? Warum kam keines dahergerannt, um als erstes von allen die neuen Puppen und andern Spielsachen anzuschauen?
Und sonderbar: auch die Erwachsenen blieben in ihren Häusern, grad als ob Onkel Peter überhaupt niemand wäre.
«Das ist doch eigenartig», murmelte der alte Spielzeugschnitzer und wanderte die Straße hinunter. Hü ließ den Kopf hangen und rollte traurig hintendrein. Da fand Onkel Peter mitten auf der Straße etwas recht Seltsames: es war der Kopf einer Porzellanpuppe.
Onkel Peter blieb stehen und hob das Ding auf. Lange betrachtete er seinen Fund und schüttelte den grauen Kopf.
«So eine elende Puppe habe ich nie gemacht, das kann ich sagen. Natürlich muß so etwas kaputtgehen: der Kopf aus Porzellan oder noch minderem Zeug, die Haare aus Kunstseide...»
Kaum waren die beiden Wanderer ein Stück weiter gegangen, da fanden sie zerbrochene Rädchen und Schrauben von teuern Spielsachen. Und endlich entdeckte Onkel Peter an der Straßenecke eine Zeitung. Nun wurde ihm alles klar. Früher hatte es nur in den großen Städten Zeitungen gegeben. Aber jetzt kamen sie auch in die kleinen Dörfer und Städtchen hinaus. Da brauchten die Leute Onkel Peter nicht mehr. Sie wußten ja aus der Zeitung alles früher und genauer als er.
Und in dieser Zeitung las Onkel Peter auch, daß man in der Stadt drüben im großen Warenhaus ganz billige Spielsachen kaufen konnte; da mußten die Kinder nicht mehr warten, bis er mit seinem großen Sack wieder einmal in das Dorf kam. Für ganz wenig Geld bekamen sie in der Stadt die hübschesten Puppen

in großer Auswahl. Allerdings gingen diese Puppen aus der Stadt sofort kaputt, aber daran denkt ein dummes Kind eben nicht. Sie sahen doch viel hübscher aus als die starken und fast unzerbrechlichen Spielsachen des alten Spielzeugschnitzers.

Onkel Peter wanderte mit Hü weiter von Stadt zu Stadt und von Dorf zu Dorf. Aber überall ging es ihnen gleich schlecht. Die Kinder brauchten Onkel Peter nicht mehr, weil sie billige Spielsachen in der Warenhalle kaufen konnten. Und die Erwachsenen mußten auch nicht mehr auf die Neuigkeiten warten, die der

Spielzeugschnitzer brachte. Sie hatten nun ihre Zeitung, die alles viel besser wußte als er.

Das hätte schließlich alles noch nicht soviel gemacht, aber Onkel Peter brauchte zu essen und zu trinken. Und das kostete Geld. Immer häufiger mußte Onkel Peter in die Bauchhöhle von Hü greifen, um wieder eine der kostbaren Münzen herauszunehmen.

Eines Tages war auch da nichts mehr drin. Onkel Peter hatte alles gebraucht, weil ihm einfach niemand mehr sein Spielzeug abkaufen wollte.

«Was sollen wir anfangen?» fragte Hü voll Angst.

«Ich muß meine schönen Spielsachen billiger verkaufen», sagte Onkel Peter. Und so verkaufte er seine schönen hölzernen Puppen, Tiere und Häuschen für wenige Groschen, nur damit er jeden Tag ein Stück Brot kaufen konnte. Hü hatte bald nichts mehr zu tragen, alle Spielsachen waren verkauft.

«Was sollen wir jetzt anfangen?» fragte Hü wieder.

«Ach Gott», seufzte Onkel Peter, «ich muß halt auch meinen Mantel verkaufen.»

Und er verkaufte seinen Mantel. Aber er fing bald an zu frieren, denn auch seine Schuhsohlen waren ganz durchgelaufen und ließen das kalte Regen- und Schneewasser hinein.

«Was nützen denn eigentlich durchlöcherte Schuhe?» sagte Onkel Peter und verkaufte auch seine Schuhe einem Lumpenhändler für ein paar Groschen. Aber auch davon war bald nichts mehr übrig. Jetzt war Onkel Peter schlecht dran. Kein Geld, keine Spielsachen, kein Mantel, keine Schuhe, nichts mehr zu essen. Kurzum, die Sorgenfalten auf Onkel Peters Stirne wollten nicht mehr verschwinden, und der alte Mann zitterte vor Hunger und Kälte am ganzen Körper.

Und auch Hü war nicht mehr ganz in Ordnung. Die Farbe war ihm auf der langen Wanderschaft abgegangen, und die Nägel an den Gelenken und an den Rädchen begannen zu rosten. Aber da war jetzt nichts mehr zu machen.

«Mein Meister ist krank», klagte Hü, «ich will doch versuchen, mich selber zu verkaufen. Wenn nur die Farbe an mir noch etwas schöner wäre.»

Spät am Abend kamen sie zu einer Scheune, wo sie unterschlüpfen konnten. Als Onkel Peter hungrig und fiebernd in einen unruhigen Schlaf gefallen war, schlich das kleine hölzerne Rößlein davon. Es schaute erst ängstlich nach rechts und links. Aber alles war ruhig. Und Hü wanderte hinaus ins fahle Mondlicht, so schnell es mit seinen hölzernen Rädchen laufen konnte.

Hü will helfen

Aber wohin wollte Hü gehen? Es kannte auf der ganzen Welt keinen Menschen, der ihm helfen konnte. Doch mitten im Laufen fiel ihm ein, daß es einmal mit Onkel Peter an einem großen Hause vorbeigekommen war. In diesem Hause hatte ein kleines Mädchen zum Fenster hinausgeschaut. Und es hatte sich zum Fenster hinausgelehnt und gerufen:
«Oh, was für ein wunderschönes kleines Rößchen!»
Aber es war niemand herausgekommen. Das war ein zu vornehmes Haus. Da kaufte kein Mensch einem Hausierer etwas ab. Aber das hölzerne Rößlein hatte dem kleinen Mädchen trotzdem über alles gut gefallen.
Hü wußte aber gut, daß es jetzt nicht mehr so schön aussah wie damals. Aber es hoffte, daß das kleine Mädchen all das nicht sehen werde. Und es versuchte, sich selber ein bißchen herauszuputzen. Es badete in einem Bächlein, und dann machte es sich auf den langen Weg zu dem Städtchen, wo das kleine Mädchen wohnte.
Die ganze Nacht lief es durch dunkle Wälder und über hohe Hügel. Und am Morgen war es endlich in dem Städtchen angekommen. Bald fand es das große Haus, an das es sich noch so gut erinnerte.
In dem großen Hause war alles ruhig. Wahrscheinlich schliefen noch alle. Die Sonne war schon ein Weilchen aufgegangen. Hü lief um das große Haus herum. Es wartete, ob ihm wohl jemand die Türe öffnete. Aber es kam niemand. Es wußte nicht, sollte es einmal an der Glocke ziehen oder an die Türe klopfen

oder laut wiehern, damit das kleine Mädchen merkte, wer da war. Und Hü schaute zu den Festern hinauf und wieherte zwei-, dreimal, so laut es konnte. Aber nichts rührte sich. So trottete Hü weiter in den großen Garten hinein und fand das Spielhäuschen, das ganz allein dem kleinen Mädchen gehörte.
«Hier spielt sie den ganzen Tag», dachte Hü, «mich nimmt es doch wunder, was sie alles an Spielsachen in dem Häuschen drin hat.» Und es rollte ein paarmal um das Häuschen herum. Aber es konnte nicht durch die Fenster hineinsehen, weil es viel zu klein war. Da rief von drinnen eine rauhe Pferdestimme:
«Wer läuft da draußen herum?»
Hü blieb betroffen stehen. Sein Herz klopfte laut. Die Türe des Spielhäuschens ging einen Spalt weit auf, und ein mächtiges geflecktes Schaukelpferd schaute heraus.
«Komm hierher», wieherte das Schaukelpferd und rollte fürchterlich die grauen Augen. Hü war zu Tode erschrocken. Es gehorchte zitternd und schlüpfte durch den Türspalt in das Spielhäuschen hinein. Direkt unter der Nase des gefleckten Schaukelpferdes mußte es stehenbleiben. Es kam sich jämmerlich klein und armselig vor.
Was war das Schaukelpferd für ein prächtiger Kerl! Es hatte einen Sattel aus richtigem Leder und rote Zügel mit silbernen Beschlägen und spiegelblanke silberne Steigbügel. Es pustete aus seinen großen roten Nüstern das hölzerne Rößlein an:
«Wie unterstehst du dich eigentlich, in den Garten des kleinen Mädchens zu kommen und um ihr Spielhäuschen herumzustreichen?»
Hü senkte schüchtern die Augen und sagte:

«Vor einiger Zeit bin ich einmal mit meinem Meister hier vorbeigekommen. Und da hat mir das kleine Mädchen so nachgeschaut, als ob es mich gerne haben würde. Jetzt hat mein Meister kein bißchen Geld mehr und kann nicht einmal mehr Brot kaufen. Und so bin ich gekommen und will schauen, ob ich dem kleinen Mädchen immer noch gefalle und ob sie für mich einen Taler zahlen will, wenn sie mich behalten darf.»

«Einen Taler?» lachte das stolze Schaukelpferd laut. «Du hast wohl den Verstand verloren, kleiner Knirps. Was soll sie denn mit so einem zerkratzten Ding machen? Oder denkst du etwa gar, du könntest bei uns in diesem Spielhaus bleiben? Meinst du eigentlich, da sei ein Kehrichthaufen?»

Hü blickte ängstlich nach rechts und nach links. Wahrlich, so viele prächtige Spielsachen hatte es noch nie beisammen gesehen. Außer dem gefleckten Schaukelpferd waren da Puppen und ganze Puppenhäuser, Teddybären, Schiffchen, Velos, Spielbälle in allen Größen und Farben, Märchen- und Bilderbücher und Baukästen. Und alle glotzten unfreundlich nach dem fremden Eindringling.

«Meinst du etwa, du könntest bei uns in diesem Spielhaus bleiben?» wiederholten alle Puppen und Tiere. «Unsere Herrin hat ein richtiges kleines Pferd draußen im Stall. Was sollte sie auch mit dir anfangen?»

«Zerstampfe ihn in Stücke, den kleinen Wicht!» schrie ein Bleisoldat. Das Schaukelpferd bäumte sich hoch auf und wollte wirklich das hölzerne Rößlein unter seinen scharfen Hufen in Stücke stampfen. Aber Hü machte kehrt und sprang zur Türe zurück. Im gleichen Augenblick ging die Türe auf, und herein kam das kleine Mädchen. Es sang ein lustiges Morgenliedchen, aber es blieb mitten drin stecken, als es das hölzerne Rößchen sah. Und es eilte auf Hü zu und nahm es auf die Arme.

«Oh, willkommen, kleines Rößlein», sagte es. « Wie heißest du, und wie kommst du auch hier herein?»

Da wollten in ihrem Zorn alle Puppen auf einmal dem kleinen Mädchen erklären, was der Frechdachs wolle. Das Schaukelpferd wippte in seiner Aufregung auf und ab, und der Bleisoldat kletterte auf den Baukasten, um die bodenlose

Frechheit des Rößleins recht eindringlich schildern zu können. Aber das kleine Mädchen schlug der lärmenden und schimpfenden Gesellschaft die Türe vor der Nase zu.

Unter dem Apfelbaum saß es auf den Rasen und nahm Hü auf seinen Schoß.

«Jetzt erzähle mir, wie du dahergekommen bist, du herziges Rößlein», sagte das Mädchen.

Und Hü erzählte seine ganze Geschichte. Und die Tränen liefen ihm über die Backen, als es vom guten Onkel Peter berichtete, der jetzt krank und frierend und hungrig in einer Scheune lag.

«Armes kleines Hü», sagte das kleine Mädchen, «ich will dich von deinem guten Onkel Peter nicht wegnehmen. Aber ich will dir sagen, was du machen mußt. Du mußt zu Onkel Peter zurückgehen und ihm sagen, er soll für mich ein zweites hölzernes Rößlein machen, ganz gleich, wie du bist. Und dann wird ihm mein Vater dafür sicher einen Taler geben.»

Es eilte in die Küche und lud auf Hüs Rücken eine Menge guter Sachen für Onkel Peter. Und es küßte das Pferdchen auf die schon halb abgefärbte Nase.

Mit einem fröhlichen Wiehern rollte Hü zum Tor hinaus und fort durch die Wälder und über die Hügel zu der Scheune, wo es Onkel Peter gestern nacht verlassen hatte.

Oh, wie war es müde, als es endlich spät am Abend die alte Scheune erblickte! Die armen grünen Rädchen ächzten jämmerlich.

«Onkel Peter, Onkel Peter», wieherte Hü. Es wollte Onkel Peter schon von weitem zurufen, daß es mit guten Sachen und mit einer guten Nachricht komme. Aber keine Antwort!

«Ist mein armer Meister zu krank, um mich zu hören?» dachte Hü und rollte noch schneller vorwärts, obwohl die Beine schmerzten und es am liebsten gleich umgefallen wäre, um hundert Stunden lang nicht mehr aufzuwachen. Es eilte in die Scheune hinein zur Ecke, wo Onkel Peter geschlafen hatte. Aber die Scheune war leer! Onkel Peter war verschwunden!

*Da ist ein altes Weiblein, das mag Onkel Peter,
nicht aber das Rößlein*

Die Scheune gehörte einem alten gutmütigen Weiblein, das ganz in der Nähe allein in seinem einsamen Häuschen wohnte.
Wie staunte sie, als sie eines Morgens in ihrer Scheune den kranken Onkel Peter fand! Sie wollte eben ihrer magern Kuh einige Gabeln voll Heu in die Krippe bringen, da entdeckte sie in einer Ecke den alten Mann. Onkel Peter hatte ganz hohes Fieber. Und er wußte kaum, wo er war. Er hatte nur einen fürchterlichen Durst und seufzte in einem fort: «Wasser! Wasser!»
«Ach, du armer Tropf», sagte das alte Weiblein und brachte ihm Wasser. Und als er tüchtig getrunken hatte, half sie ihm aufstehen. Und sie führte ihn in ihr Häuschen. Onkel Peter bekam ihr bestes Zimmerchen mit dem weichsten Bett und den wärmsten Decken. Und zuoberst legte das Weiblein noch ihre eigene gute Decke. Die war aus tausend Flicken zusammengesetzt, und jeder Flick hatte eine andere Farbe.
«Hier bleibst du, bis du wieder gesund bist», sagte das Weiblein. Und sie ging in die Küche, um ein kräftiges Hafermus zu kochen. «Das wird den alten Mann sicher kurieren», dachte sie.
Onkel Peter war glücklich, in einem weichen Bett zu liegen und unter der warmen Decke des alten Weibleins. Er schaute verwundert die vielen farbigen Flicken an. Aber er wußte kaum, wie er dahergekommen war, so hohes Fieber hatte er. Mühsam aß er das gute Hafermus, und dann schlief er ein.

Stunde um Stunde verging. Und unterdessen rollte Hü durch die Wälder und über die Hügel. –

Hü hatte die ganze Scheune durchsucht. Aber Onkel Peter war nicht mehr zu finden. Da legte es sein Bündel ab und ging vor die Scheune hinaus. Wo mochte Onkel Peter nur sein?
Da sah Hü das Häuschen des alten Weibleins. Vielleicht konnte ihm dort jemand Auskunft geben. Es rollte den Gartenweg hinauf und klopfte mit den hölzernen Rädchen an die Türe. Weil es bereits ziemlich spät am Abend war und Onkel Peter schon friedlich schlief, war das alte Weiblein zu Bett gegangen. Als sie das Poltern unten an der Türe hörte, wurde sie böse. Das hätte ja den kranken Mann wecken können! Zornig humpelte sie ans Fenster. Da stand vor der Türe das hölzerne Pferdchen. Was konnte nun das Weiblein anderes denken, als daß ein paar Spitzbuben an der Haustüre gepoltert und dann das hölzerne Rößlein vergessen hatten?
Hurtig schlüpfte sie in die Pantoffeln und huschte zur Türe hinunter. Und bevor Hü ein Wörtlein sagen konnte, wurde es gepackt und weit hinaus in den Wald geworfen.
Päng! flog die Türe zu, und Hü kollerte über den holperigen Waldboden und blieb endlich liegen. Das war eine böse Geschichte! Aber etwas hatte Hü doch gesehen: Im Häuschen des alten Weibleins hingen der Kittel und der Hut vom Onkel Peter. Er war also hier!
Als sich Hü von seinem Schrecken etwas erholt hatte, stand es vorsichtig auf. Es mußte zuerst schauen, ob es bei diesem schlimmen Sturzflug nicht ein Bein

oder ein Rädchen gebrochen hatte. Aber glücklicherweise war noch alles heil und ganz. Langsam hinkte es zur Türe des Häuschens zurück. Es wollte der alten Frau erklären, wer es sei. Und es wollte sie bitten, ob es nicht bei Onkel Peter bleiben dürfte. Es konnte sicher bei irgend etwas helfen.
Also klopfte es zum zweiten Male. Da geriet das alte Weiblein in helle Wut. Sie stürmte trotz ihrer alten Beine die Treppe hinunter, packte das Rößlein und warf es mit aller Kraft in einen tiefen Graben. Und dann verriegelte sie die Türe und ging wieder ins Bett.
Da merkte Hü, daß es mit dem Anklopfen nicht eben weit komme. Es kroch aus dem Graben heraus und wartete traurig, bis es Morgen wurde. Am Morgen

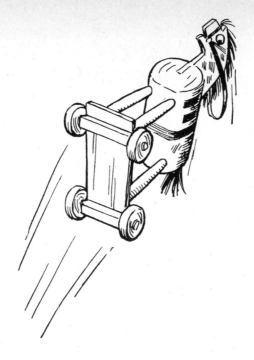

stand das alte Weiblein auf und ging in das Kämmerlein zu Onkel Peter.
«Wie geht es dir?» fragte sie.
«Danke, liebes Mütterlein», antwortete Onkel Peter, «es geht mir etwas besser. Ich habe wenigstens gut geschlafen.»
«So, das ist recht», sagte das Weiblein, «ich bringe dir jetzt ein wenig frische Milch von meiner Kuh.» Und sie holte in der Küche einen Kübel und wollte zum Stall hinübergehen. Da sah sie vor der Türe wieder das hölzerne Pferdchen, das ihr die letzte Nacht die ganze Ruhe gestört hatte.
«Was!» schrie sie, «du bist schon wieder da!» Und sie packte Hü an einem Bein und warf es hoch über das Dach des Häusleins.

Hü flog vorbei an den zwitschernden Schwalben, die auf dem Giebel saßen, vorbei an den Tauben, die im Dachstroh gurrten, und vorbei an den Spatzen, die im Kamin ein Nest bauten.

«Schau mal», riefen die Spatzen. «Da kommt ja ein fliegendes Pferdchen! Komisch!»

Aber mit dem Fliegen war es nicht weit her. Plumps! landete Hü im Garten zwischen den Kohl- und Kabisköpfen.

«Das ist nun doch zu viel, sogar für ein geduldiges Rößlein», dachte Hü. Lange blieb es halbbetäubt liegen, aber plötzlich sprang es auf. Es hatte gesehen, daß die Haustüre halb offenstand. Jetzt konnte es ja ungehindert zu Onkel Peter gehen, und dann wurde alles gut.

Aber warum war ihm dieser Einfall nicht vorher gekommen? Gerade als es zur Haustüre hinrannte, kam die Alte zum Stall heraus und sah das hölzerne Rößlein.

«Bumm!» schmetterte sie den Melkstuhl gegen die Türe – der Schuß ging daneben. Da kannte ihre Wut keine Grenzen mehr. Bumm! und pflätsch! – auch der Milchkübel flog in großem Bogen gegen das freche Pferdchen. Die Milch floß in breiten weißen Bächen die Steinstufen und das Gartenweglein hinunter. Aber Hü hatte keine Zeit zum Lachen. Gerade als es in den Hausgang schlüpfen wollte, wurde es von hinten gepackt, und das Weiblein schrie mit zorniger Stimme:

«Diesmal schlage ich dich sicher in Stücke, du Galgenstrick!»

Und sie packte das Rößlein und trug es in den Holzschuppen. Das war wirklich nicht mehr zum Lachen.

*Hü muß in die unbekannte Welt hinaus und wird beim
Schwarzen Michel gefangen*

Wirklich, jetzt galt es ernst. Die Alte nahm die Axt von der Wand herunter und stellte Hü auf den Boden.

«Nun schlägt sie mich in Stücke und wirft mich in den Ofen», konnte Hü nur noch denken, und kalte Schweißtropfen rannen von seiner Stirne. Die Alte holte mit gewaltigem Schwung zum tödlichen Schlage aus. Und die Axt sauste nieder – aber Hü machte im letzten Augenblick einen Seitensprung und rannte zur Türe hinaus. Und die Axt fuhr so tief in den Boden, daß die Alte umsonst am Stiel riß und zerrte und dabei so laut schimpfte, daß der geschichtete Holzstoß beinahe vornüberfiel. Sie wollte das freche Rößlein doch noch totschlagen. Aber Hü ließ sich kein zweites Mal mehr fangen, sondern versteckte sich in den dichtesten Sträuchern des Waldes. Hier konnte das böse alte Weib es nicht finden. Da konnte sie suchen, solange sie wollte.

«Was soll ich jetzt anfangen?» schnaufte Hü. «Zu meinem Meister hinein komme ich nicht. Die Alte schlägt mich ja tot, wenn sie mich nochmals sieht. So muß ich halt in die weite Welt hinaus! Vielleicht kann ich irgendwo ein wenig Geld verdienen und es Onkel Peter bringen. Bis dann ist er wieder gesund und ist froh, wenn er etwas Geld hat, um Brot und vielleicht sogar eine Wurst zu kaufen.»

Das Rößlein schaute noch einmal traurig zu dem Häuschen hinüber, wo Onkel Peter lag, und dann rollte es davon durch den großen Wald. Zwei Tage und zwei Nächte wanderte es. Aber wo es für Onkel Peter etwas verdienen könnte, das wußte es immer weniger.

Endlich sah es ein paar zweispännige Fuhrwerke. Die Fuhrleute saßen in blauen Überkleidern auf den Böcken, und von Zeit zu Zeit trieben sie mit fröhlichem Peitschenknall die Rosse an.

«Wohin geht ihr?» fragte Hü zwei der Rosse und lief flink neben ihnen her.

«Jetzt gehen wir zum Pächter Michel. Wir helfen ihm das Heu einbringen», sagten die Rosse. «Wir machen übrigens bei allen Pächtern und Bauern der Gegend die Runde, um ihnen beim Heuen zu helfen.»

«Verdient ihr dabei viel?» fragte Hü.

«Wir selber verdienen kein Geld», antworteten die Rosse, «wir bekommen am Morgen, am Mittag und am Abend guten Hafer. Als Rosse brauchen wir doch kein Geld, wir wüßten nicht wozu. Aber unsere Meister bekommen ihren Lohn, wenn die Arbeit fertig ist.»

«Darf ich wohl auch mitkommen und mit euch arbeiten?» fragte Hü. Die Rosse lachten freundlich: «Oh, warum nicht, wenn es dir Freude macht.»

Beim Pächter Michel unterschrieben die Fuhrleute einen Vertrag. Sie mußten für soundso viele Taler drei Tage lang mit ihren Rossen und Wagen arbeiten. Hü schloß sich an den hintersten Fuhrmann an, denn es wollte auch einen Vertrag unterschreiben. Als die Männer das sahen, brachen sie in ein schallendes Gelächter aus. Und am lautesten von allen lachte der Pächter Michel: «Ei der Tausend! Was will denn der kleine Kerl da?»

Aber Hü erschrak nicht. Es schaute dem schwarzbärtigen Pächter gerade ins Gesicht und sagte:

«Ich will bei dir drei Tage arbeiten wie die Fuhrleute und die andern Rosse und meinen Lohn verdienen. Ich bin ein starkes und fleißiges Rößlein. Und ich kann sehr gut arbeiten.»

Da lachte der Pächter Michel noch lauter. Aber er wollte es einmal probieren und schickte Hü mit den Fuhrleuten auf die Felder hinaus. Und die Heuernte begann.

Die Fuhrleute hörten bald auf zu lachen, als sie sahen, wie tüchtig das kleine hölzerne Pferd arbeiten konnte. Es spannte sich selbst an die schwersten Wagen und half den Rossen die größten Heufuder ziehen. Überall, wo die schwerste Arbeit war, da war auch Hü. Es zog und stieß und mühte sich ab, daß sogar die stärksten Rosse respektvoll mit ihren großen Köpfen nickten.

Unterdessen ging der Pächter Michel hierhin und dorthin. Er fluchte durch seinen schwarzen Bart hindurch und schien gar nicht mehr zum Lachen aufgelegt. Er fuhr die Arbeiter barsch an, schlug mit seiner Peitsche nach den

Pferden, und jeder hätte seine Arbeit immer noch schneller und noch besser machen sollen. Am meisten aber schimpfte er mit dem hölzernen Pferdchen, obwohl es von allen am meisten arbeitete.

Am Abend führten die Männer ihre Rosse heim in den Stall. Das hölzerne Rößlein aber behielt der Pächter Michel in seinem eigenen Stall und sperrte es während der Nacht ein.

Hü war so müde, daß es gleich einschlief. Und es träumte von Onkel Peter und dem vielen Geld, das es bekam, wenn die Heuernte vorüber war. Am nächsten Morgen war es schon früh auf dem Felde. Die andern Rosse nickten ihm freundlich «Guten Tag» zu. Sie waren froh, daß ihnen das kleine hölzerne Pferdchen bei der schwersten Arbeit so tapfer mithalf.

«Warum braucht der Pächter Michel für die Heuernte nicht seine eigenen Rosse?» fragte Hü in der Mittagspause.

«Sie sind alle so mager und ausgehungert, daß sie nicht stark genug sind», sagten die andern Pferde. «Es kommt ihm billiger, uns anzustellen. Seine eigenen würden schon nach einer Stunde tot umfallen. Unsere Meister kommen allerdings nicht gern zum Michel, aber das geht ja nur drei Tage. Und sein Geld ist schließlich ebenso gut wie das der andern Bauern.»

Am Abend des dritten Tages war die ganze Heuernte eingebracht. Die Fuhrleute rüsteten sich zur Abfahrt. Sie streichelten und lobten das hölzerne Pferdchen, das mit ihnen auf die Auszahlung des Lohnes wartete.

Als der Pächter Michel das Geld auszahlte und auch das hölzerne Rößlein warten sah, spottete er:

«Was will denn auch ein kleines Holzpferd mit Geld anfangen?»

Aber die Fuhrleute sagten zornig: «Du mußt dem Rößlein auch seinen verdienten Lohn geben, es hat von allen Rossen weitaus am meisten gearbeitet. Es ist kaum zu glauben, wie stark und flink das Rößlein ist. Es hat seinen Lohn so gut verdient wie wir.»

Da blinzelte der Pächter Michel schlau und sagte: «Schau mal her, mein kleines Pferdchen, möchtest du nicht noch ein Weilchen bei mir bleiben und noch mehr Geld verdienen? Ich sehe, du bist ein starkes und tüchtiges Rößlein. Ich hätte noch einen Haufen Arbeit für dich.»

Da war Hü gern einverstanden. Es dankte dem Pächter und sagte, es möchte wirklich gern noch eine Woche arbeiten und noch mehr Geld verdienen. So rief es den andern Rossen und den Fuhrleuten «Auf Wiedersehen!» zu und blieb beim Pächter Michel.

Eine Woche lang arbeitete Hü, wie es in seinem Leben noch nie gearbeitet hatte. Von morgens früh bis zum späten Abend führte es der Pächter von einer Arbeit zur andern. Manches Mal ließ er es so schwere Lasten ziehen, daß es meinte, die hölzernen Rädchen müßten zerbrechen. Am Abend sank es immer so müde auf das Stroh, daß es kaum mehr träumen konnte. Aber es dachte doch sehr viel an Onkel Peter und an die Überraschung, wenn es aus seinem hölzernen Bauch einen ganzen Haufen Geld auf Onkel Peters Tisch schütten konnte.

Gottlob war die Woche endlich vorbei, und Hü verlangte von Pächter Michel seinen Lohn. Aber er sagte:

«Willst du nicht noch eine Woche länger bei mir bleiben und noch mehr Geld verdienen?»

Und Hü ließ sich noch einmal überreden, obwohl die Arbeit furchtbar schwer

war und kein Ende nehmen wollte. Denn das Gut des Pächters war elend verlottert, und an allen Ecken und Enden mußte etwas geflickt werden. Aber auch am Ende dieser Woche bekam Hü noch kein Geld; Michel bat es immer wieder, noch eine Woche zu bleiben. Nach sechs Wochen ging Hü endlich die Geduld zu Ende, und es verlangte seinen Lohn. Da brach der Pächter Michel in ein schallendes Gelächter aus und sagte, er habe überhaupt nie im Ernst daran gedacht, ihm auch nur einen Groschen Lohn zu geben. Und er packte das Rößlein am Zügel und sperrte es wieder in den alten Stall.

Und Tag um Tag trieb er das Rößlein schon beim Morgendämmern hinaus zur Arbeit, und spät am Abend, wenn es schon dunkelte, sperrte er es wieder in den alten Stall. Er kicherte vor Vergnügen, wenn er daran dachte, wie streng das Rößlein arbeitete, ohne einen Groschen zu bekommen. So einen Fang durfte er sich nicht mehr entgehen lassen.

Da kam Hü ein rettender Gedanke. Obwohl es jeden Abend todmüde war, knabberte und raspelte es die halbe Nacht an der hintern Bretterwand des Stalles. Es wollte ein großes Loch herausnagen und dann einmal bei günstiger Gelegenheit fliehen. Mit jeder Nacht wurde die Öffnung größer und größer. Am Morgen deckte Hü die gefährliche Stelle immer mit Stroh zu, damit der Pächter Michel nichts merken konnte.

Endlich war das Loch groß genug, um hinauszuschlüpfen. Aber Hü wartete noch einen Tag, um für seine Flucht die ganze Nacht zur Verfügung zu haben. Dann konnte es weit, weit weg fliehen, bevor überhaupt jemand etwas merkte. So arbeitete es an diesem letzten Tag noch eifrig. Aber nach jeder Fuhre sagte es still zu sich: «Nur Mut! Heute nacht bin ich ja frei!»

Am Abend wurde Hü in den Stall geführt und die Türe von außen verriegelt. Sofort eilte Hü auf das Loch zu und wollte das Stroh wegnehmen. Aber wie erschrak es: der Pächter Michel hatte das Loch entdeckt und mit dicken Brettern zugenagelt.

Die Flucht gelingt

Bei dieser furchtbaren Entdeckung erschrak Hü so sehr, daß es vergaß, sich auf das Stroh zu legen und zu schlafen. Die ganze Nacht rieselten zwei Tränenbächlein über seine Backen, und es klagte:
«Wann kann ich wohl diesem Schwarzen Michel entfliehen? Und was wird mit Onkel Peter geschehen, wenn mich dieser Bösewicht nicht mehr fortläßt?»
Am Morgen kam der Pächter Michel wie gewöhnlich, um Hü zur schweren Arbeit auf die Felder hinauszuführen. Aber das Rößlein war ganz verzweifelt, und es vergaß seine ganze gute Erziehung. Kaum hatte der Pächter die Stalltüre aufgemacht, da schlug Hü mit seinen Beinen aus, daß die Räder klapperten, und es fuhr dem Schwarzen Michel so ungestüm zwischen die Beine, daß er das Gleichgewicht verlor und zu Boden plumpste. Aus seinen Taschen fiel eine ganze Handvoll Geld und rollte im Hofe herum.
Aber Hü hatte keine Zeit, sich darum zu kümmern. Bevor der Pächter wieder aufstehen konnte, rannte es aus dem Hof hinaus. Und die Rädchen drehten sich so schnell, daß hinter ihm die Steine aus dem Wege spritzten.
Als der Schwarze Michel endlich wieder auf den Füßen stand, mußte er zuerst schauen, ob ihm auch bei dem Sturze alle Knochen ganz geblieben seien. Und unterdessen war ihm das kleine Pferdchen entwischt. Der Pächter schaute die Straße auf und ab: es war nichts mehr zu sehen. Da fragte er die Enten im Teich, auf welchem Weg das Rößlein davongesprungen sei. Aber sie wollten ihm keine Antwort geben.

«Quaaak! Quaaak!» spotteten sie, steckten die Köpfe unter das Wasser und winkten ihm ganz respektlos mit ihren nassen Füßen.
Da stieg der Schwarze Michel auf sein Pferd und galoppierte die Straße hinunter.
«Der Teufel soll mich holen, wenn ich das hölzerne Rößlein nicht wieder einfange!» brüllte er. Stundenlang ritt er in der ganzen Gegend herum. Aber er fand von Hü keine Spur und kam mit leeren Händen heim.
«Quaaak! Quaaak! Quaaak!» lachten die Enten und kehrten dem wütenden Michel wieder den Hintern zu und winkten ihm zum Spott mit den Füßen.
Unterdessen hatte sich Hü im hohen Grase einer Wiese versteckt. Sein Herz klopfte wild «Tick-tack! Tick-tack!» Es wagte nicht, sich zu bewegen, sondern blieb bockstill stehen und horchte mit gespitzten Ohren, ob der böse Michel komme. Aber alles blieb ruhig.
Als Hü sich endlich ein wenig rührte, weil ihm die Beine fast eingeschlafen waren, machte etwas «kling-kling!» Das Rößlein schaute auf den Boden, und was fand es da? Auf dem Brettchen, an dem seine vier grünen Rädchen angemacht waren, lag einer der Taler, die vorhin dem Pächter aus der Tasche gefallen waren.
«Besser als gar nichts», dachte Hü und steckte das Geldstück durch die Halsöffnung in seinen Bauch, um es für Onkel Peter aufzubewahren. Dann blieb es wieder mäuschenstill stehen, bis die Sonne untergegangen war. «Was soll ich jetzt machen?» dachte Hü, «soll ich zu Onkel Peter zurückgehen und ihm den Taler bringen? Aber ein einziger Taler ist doch noch zu wenig. Und zudem will mich ja das alte Weiblein zu Brennholz spalten, wenn sie mich erwischt.

Es ist besser, ich gehe in die Welt hinaus und verdiene dort ein großes Vermögen. Und dann will ich zu Onkel Peter zurückkehren!»
So wanderte es auf der Straße weiter und weiter die ganze Nacht, bis es zu einem Kanal kam.
In diesem Kanal fuhren mächtige Lastschiffe, schwer beladen mit Holz, Fässern und Säcken. Diese Schiffe hatten keine Segel und keine Motoren, sondern vorn war ein Roß angespannt, das auf dem Uferdamm lief und das Schiff an einem langen Seil hinter sich herzog.
Nur eines der Schiffe, das «Marguerita» hieß, lag am Ufer angebunden. Und die

Mannschaft hockte traurig auf dem Deck und sprach kein Wort. Was war wohl da passiert? Hü rollte auf den Uferdamm und sagte freundlich: «Guten Tag!» «Für dich mag es ein guter Tag sein», brummte einer der Matrosen, «du kannst faul herumstehen und dich von der Sonne wärmen lassen. Aber wir sollten all dieses Holz zum Meer hinunterführen und für die Bergwerke verladen. Und jetzt ist unser Roß gestorben, und wir können nicht weiter. Nun kommen alle andern Schiffe vor uns zum Hafen hinunter, und unser Holz kauft uns niemand mehr ab.»

«Das wäre wirklich schade», sagte Hü. «Aber ich will euch einen Vorschlag machen, liebe Matrosen. Ich bin ein starkes Rößlein. Ich will euer Schiff bis zum Meer hinunterziehen und dazu noch alle andern Schiffe überholen.»

Da lachten die Matrosen. Aber als sie sahen, daß es dem hölzernen Rößlein Ernst war, sagten sie:

«Wenn du uns eine Meile weiter ziehst, dann geben wir dir einen Groschen, und für jede weitere Meile einen weiteren Groschen. Und wenn wir als erstes Schiff an den Hafen kommen, dann schenken wir dir einen Taler.»

Hü war mit Freuden einverstanden. Es konnte kaum warten, bis ihm die Matrosen das Schlepptau um den Hals legten. Endlich kam das Zeichen zur Abfahrt. Die Matrosen hörten bald auf zu lachen, als sie sahen, wie gut das hölzerne Pferdchen ziehen konnte.

«Jetzt schaut euch einmal das an», sagten sie zueinander, «das Rößlein zieht uns gewiß eine Meile weit.»

Das große Schiff fuhr nun schon mit ziemlicher Geschwindigkeit, denn Hü rollte auf dem Damme voran, so schnell es konnte. Zwar drückte das Seil am

Hals und scheuerte noch die letzte Farbe weg. Aber Hü dachte an Onkel Peter, für den es ja viel Geld verdienen wollte. Nach einer Meile warfen die Matrosen einen Groschen auf den Damm, und Hü schluckte ihn herunter. Nun klingelten schon zwei Münzen in seinem hölzernen Bauch! Und das Rößlein bekam immer größere Freude an seiner neuen Arbeit. Und was Hü vorausgesagt hatte, traf ein: schon nach kurzer Zeit hatten sie ein Schiff eingeholt.
«Platz machen! Platz machen!» riefen die Matrosen zum andern Schiff hinüber. Und nun mußten die Leute des eingeholten Schiffes ihr Roß ausspannen, um das kleine hölzerne Pferdchen mit der «Marguerita» vorbeizulassen.
Und so ging es weiter. Ein Schiff nach dem andern mußte anhalten und ausspannen, um die «Marguerita» vorbeizulassen. Nur drei Schiffe waren noch nicht eingeholt: das waren die «Annemarie», die «Lisbeth» und die «Regina», die drei schnellsten Boote auf dem ganzen Kanal. Sie wurden von großen, starken Rossen gezogen, neben denen Hü wie ein winziges Zwerglein aussah. Da konnte Hü eigentlich froh sein, wenn es als viertes in den Hafen kam.
Da hörte Hü plötzlich weit hinten das «Klo-pe-di, klo-pe-di» eines galoppierenden Rosses. Zuerst dachte es, das sei eines der Zugpferde, das wieder aufholen wolle. Aber das Trampeln der Hufe kam so schnell näher, daß Hü nach hinten schaute, wer denn da so große Eile habe.
Es war der Schwarze Michel auf seinem alten grauen Roß!
Er hatte am andern Tage die Jagd nach dem hölzernen Rößlein wieder aufgenommen. Und am Kanal hatte ihm jemand gesagt, da vorn ziehe so ein Rößlein eines der Lastschiffe. Da war er den Kanal entlang davongestürmt: um jeden Preis wollte er das Hü einfangen und auf seinen Hof zurückbringen.

Nun ging das Rennen auf Leben und Tod. Hü raste dahin, was die vier Rädchen hergaben. In seinem Bauche wirbelten die Geldstücke drunter und drüber. Und die «Marguerita» pflügte durch das Wasser, als ob sie von zehn Dampfmaschinen angetrieben wäre.

«Platz machen! Platz machen!» riefen die Leute auf der «Marguerita», als sie die «Annemarie» einholten. Die Matrosen der «Annemarie» waren wenig erfreut, als sie wegen des hölzernen Rößleins ihr Pferd ausspannen mußten. Aber als sie weiter hinten den schwarzbärtigen Pächter auf seinem schweißgebadeten und atemlosen Gaul sahen, riefen sie:

«Das gibt einen Mordsspaß! So ein lustiges Wettrennen!»

Und bevor der Pächter vorbeireiten konnte, spannten sie das Pferd wieder ein. Und als die Matrosen den Schwarzen Michel endlich vorbeiließen, hatte Hü schon die «Lisbeth» eingeholt.

Hü war halbtot vor Müdigkeit. Aber seine vier Rädchen drehten sich unaufhörlich, und es sauste dahin, daß hinter ihm eine hohe Staubwolke aufwirbelte. Die Leute der «Lisbeth» klatschten in die Hände, als sie sahen, daß nun doch noch ein Schiff die stolze «Regina» einholen werde. Und auch auf der «Regina» waren alle Leute auf Deck, um das Schauspiel dieser spannenden Wettfahrt nicht zu verpassen. Sie glaubten, Hü strenge sich ihretwegen so an, denn sie sahen den Schwarzen Michel noch nicht, der wegen der «Annemarie» ein Stück zurückgeblieben war.

Auf der «Regina» wurden die Leute nervös, sie wollten um jeden Preis zuerst in den Hafen kommen, weil die ersten das Holz am teuersten verkaufen konnten. Mit lautem Schreien trieben sie ihr Roß noch mehr an, und die «Regina» rauschte schneller und schneller dem Hafen entgegen. «O weh», seufzte Hü. «Wenn die ‚Regina' zuerst zum Hafen kommt, dann müssen wir draußen warten, bis sie abgeladen hat. Und unterdessen kommt der Schwarze Michel und packt mich, und alles ist verloren!»

Und es machte die letzte Anstrengung, um doch noch vor der «Regina» anzukommen. Es war nun höchste Zeit, denn Hüs Rädchen fingen an zu wackeln; jeden Augenblick konnte eines herausfallen. Und dann...?

Aber, Gott sei Dank, das Roß der «Regina» wurde immer müder, und Hü holte es so weit ein, daß die Matrosen bald rufen konnten:

«Platz machen! Platz machen!»

«Dummes Zeug!» schrien die Leute der «Regina». «Da vorn ist ja grad der Hafen. Jetzt spannen wir nicht mehr aus.»

Aber Hü war nicht einverstanden. Es hatte hinter sich wieder das Getrappel von Michels Gaul gehört.

«Platz machen! Platz machen!» wieherte das Rößlein, so laut es konnte, und es machte Miene, mit seinem Schiff die «Regina» umzurennen.

Und die «Marguerita» konnte passieren. Hü hatte die Wettfahrt gewonnen. Unter dem Jubel der Matrosen fuhr es als erstes in den Hafen hinein.

Hü fährt mit dem Elefanten Jumbo über das Meer

Die Hafenarbeiter waren recht erstaunt, daß ein kleines hölzernes Rößlein den Sieg errungen hatte. Und die Matrosen streichelten Hü freundlich und schirrten es aus.

«Aber jetzt versteck dich rasch», sagten sie, «sonst packt dich der schwarzbärtige Reiter am Ende doch noch!»

Der Pächter Michel war einige Augenblicke nach Hü beim Hafen angekommen und wollte auf seinem Grauen hineinstürmen. Aber die Hafenwache hielt ihn auf.

«Wo hast du den Hafenpaß?» rief der Wachtmeister, «ohne Hafenpaß darf niemand in den Hafen hinein.»

«Hafenpaß? Dummes Zeug!» schrie der Pächter und wollte an der Wache vorbeireiten.

Aber da kam er an den Rechten!

«Halt! Oder in den Arrest!» brüllte der Wachtmeister. Aber Michel, der vor Zorn und Aufregung krebsrot im Gesicht war, ritt weiter – aber nicht mehr weit, denn von beiden Seiten packten ihn zwei Hafenwächter und rissen ihn von seinem Grauen herunter. Er konnte um sich schlagen, wie er wollte: es nützte nichts mehr. Er wurde in das Wachtlokal geschleppt und mußte einen ganzen Tag im Arrest sitzen.

Von alledem hatte Hü aber nichts gesehen. Es war schnell davongerollt auf die andere Seite des Hafens. Dort schaute es zu, wie die Holzbalken – hundert auf einmal – von einem großen Kran in die Höhe gehoben und in große Meerschiffe verladen wurden.

Und schließlich wurde – wie wunderbar – sogar ein mächtiger Elefant von dem Kran in die Luft gehoben und in das Schiff geladen. Der Elefant schien an solche Dinge schon lange gewohnt zu sein. Er strampelte nicht einmal mit den Beinen, als er auf dem großen Schiff in ein Loch hinuntergelassen wurde.

«Es gibt schon wunderbare Dinge auf der Welt», sagte Hü und schaute mit weit aufgesperrten Augen der Hafenarbeit zu.

So sahen es die Schiffsleute.

«Hallo, kleines Rößlein!» riefen sie, «möchtest du nicht auch einmal ein wenig durch die Luft reiten?»

«Oh, danke! Sehr gern», antwortete Hü. Hatte sich der große Elefant diese Reise mit dem Kran gefallen lassen, so mußte doch sicher ein hölzernes Rößlein keine Angst haben, dachte es.

Da ließen die Matrosen die Winde herunter und banden Hü fest. Und höher, immer höher schwebte das Rößlein. Den ganzen Hafen konnte es sehen und noch weit ins Meer hinaus. Aus der «Marguerita» luden sie eben das viele Holz, und auf dem Hafendamm verhandelte der Kapitän mit einem Kaufmann über den Preis des Holzes und der Fahrt. Und vor dem Hafeneingang warteten die andern Schiffe: die «Regina», die «Lisbeth», die «Annemarie» und wie sie alle hießen.

Aber vom Pächter Michel sah Hü nichts mehr. «Den haben sicher die Matrosen heimgejagt», dachte es.

Als Hü alles ringsum gesehen hatte, strampelte es mit den Beinen, und der Kran

ging wieder hinunter. War das ein wunderschönes Gefühl, so durch die Luft herunterzuschweben wie ein Vogel!

Aber der Kran stellte das Rößlein nicht auf der Hafenmole ab, sondern ließ es auf dem Schiff in ein dunkles Loch hinunter. Und als Hü endlich festen Boden unter den Füßen verspürte, war es in dem Schiffsstall bei dem großen Elefanten. Man kann sich vorstellen, wie sich die beiden angestaunt haben. Aber der Elefant war ein gutmütiger Kerl. Er fragte Hü, wie es denn da herunter gekommen sei, und lud es ein, vorläufig sein Gast zu sein. Das Rößlein durfte sich in einer Ecke ein weiches Strohbett zurechtmachen und aus dem großen Brot- und Früchtesack des Elefanten herausnehmen, soviel es wollte. –

Am andern Morgen erwachte Hü früh und stand sofort auf.

«Mach mir, bitte, die Türe auf, ich will fortgehen», sagte es zu Jumbo – so hieß der Elefant. Jumbo war kaum recht wach und rieb sich mit dem langen Rüssel den Schlaf aus den Augen.

«Das geht nicht, kleines Rößlein», sagte er, «wir können erst wieder hinaus, wenn wir über das Meer gefahren sind. Die Türe ist von außen zugeriegelt.»

«Ich will nicht über das Meer fahren!» schrie Hü. «Ich will hinaus!»

«Ach, warum nicht gar!» beruhigte es Jumbo. «Schau, ich gehe auch über das Meer, und sogar sehr gern. Ich verdiene dort einen Haufen Geld und werde dazu noch berühmt. Ich spiele nämlich in einem Zirkus; und vielleicht kommt sogar einmal der König mit den kleinen Prinzen und Prinzessinnen, um meinen Künsten zuzuschauen.»

Aber Hü wollte nicht berühmt werden und wollte keinem König seine Künste zeigen, es wollte nur zurück zu Onkel Peter. Es polterte mit seinen vier Rädchen an die Türe. Aber niemand kam, um es herauszulassen. Und das Schiff fuhr ab.

«Sei doch ruhig», sagte Jumbo, «vielleicht machst du über dem Meer dein Glück!»

Auf dem Meer draußen kam ein gewaltiger Sturm, und das Schiff schaukelte so stark, daß der große Elefant im Stall hin- und herrollte. Und beinahe hätte er das kleine Holzrößlein erdrückt. Hü war es nicht mehr recht geheuer, denn der Sturm tobte drei Tage lang. Aber am vierten waren sie auf der andern Seite des Meeres angekommen. Und das war das Ende ihrer Meerreise.

Ein Unglück in einem Bergwerk geht böse aus;
Hü erblindet, aber nur für kurze Zeit

Auf dem Schiff erhob sich nun ein fürchterlicher Lärm. Ketten rasselten, und die Anker wurden ausgeworfen. Ganze Scharen von Hafenarbeitern luden die Frachten aus: Holz und Fässer, Ballen und Kisten und tausend andere Dinge. Hü wartete mit Jumbo, bis auch sie an die Reihe kamen. Das Rößlein war recht traurig, daß es von dem guten Elefanten jetzt schon Abschied nehmen mußte.
«Was meinst du, Meister Jumbo», sagte es, «kann ein hölzernes Pferdchen wohl auch im Zirkus Geld verdienen?»
«Man müßte es einmal probieren», antwortete der Elefant, «aber ich glaube es kaum. Du siehst ja selbst, wie zerkratzt und zerbeult du bist. In einem Zirkus muß man blitzsauber aussehen. Und zudem müßtest du einen Vertrag unterschreiben, daß du wenigstens ein paar Jahre bei dem Zirkus bleiben wirst. Und ich glaube, du willst doch so bald wie möglich zurück zu deinem Meister?»
Hü ließ den Kopf hangen. Um keinen Preis wollte es so mutterseelenallein in dieses fremde Land einziehen.
«Ich weiß etwas anderes», sagte der Elefant, als er sah, wie hoffnungslos und traurig Hü dastand. «All das Holz, das die Schiffe über das Meer geführt haben, kommt in die Gruben der Bergwerke. Und dort in den Bergwerken brauchen sie viele Pferde, um die Wagen mit den Kohlen und Steinen zu ziehen. Willst du es nicht dort einmal probieren? Wenn du ein starkes Rößlein bist, wie du sagst, so bekommst du sicher Arbeit.»

«Jumbo ist ein gescheiter Kerl», dachte Hü, «ich will wirklich einmal sehen, ob ich in den Bergwerken mein Glück machen kann.»
Da ging die Türe auf. Ein Wärter holte den Elefanten, und Hü schlüpfte ebenfalls hinaus.
Und richtig, ganz nahe beim Hafen stand ein langer Güterzug bereit, der mit Holz voll geladen war. An den Wagen hing ein Täfelchen «Nach Kohlenheim».
In Kohlenheim sind wohl die Bergwerke, von denen Jumbo gesprochen hat, dachte Hü und versteckte sich gut im hintersten Wagen. Und es ging nicht lange, da pfiff der Bahnhofvorstand, und der Zug fuhr ab.
Daß man mit der Eisenbahn so lange fahren könne, das hätte Hü nie gedacht. Zwei Tage und zwei Nächte fuhr der Zug und hielt nur hie und da an, um neue Kohlen zu fassen, und damit der Lokomotivführer etwas essen konnte.
Und dann sah Hü an den riesigen Kohlenhaufen und Schachttürmen, daß sie bei den Bergwerken angekommen waren. Hü schlüpfte aus dem Wagen hinaus und rollte einem Bergwerkarbeiter gerade vor die Füße. Dem kugelten beinahe die Augen aus dem Kopf, als er das hölzerne Rößlein sah. Aber Hü redete ihn keck an:
«Guten Abend, lieber Bergmann, würdest du mir sagen, ob ich hier wohl Arbeit bekommen und etwas Geld verdienen kann?»
Eine ganze Menge von Bergwerkarbeitern kam hergelaufen und bestaunte das seltsame Rößlein. Alle hatten schwarze Gesichter und schwarze Hände. Aber es waren gute Leute, sie nickten Hü freundlich zu und streichelten es zärtlich. Schließlich kam sogar der Direktor.
«Ich möchte gern in deinem Bergwerk arbeiten», sagte Hü zu ihm. «Ein klu-

ger Elefant auf dem Meerschiff hat mir gesagt, in einem Bergwerk brauche man immer flinke und starke Rößlein.»

«Okey!» sagte der Direktor (denn er war ein weitgereister Mann), «wenn du so stark bist, wie du sagst, so will ich es mit dir einmal versuchen. Für jeden Tag sollst du einen Groschen bekommen.»

Da führten die Arbeiter das Rößlein hinunter in den dunkeln Stollen und in einen Stall hinein, wo die andern Rosse ihr Quartier hatten.

Für heute mußte Hü noch nicht arbeiten. Es stand ganz allein in einer Ecke des dunkeln Stalles, und eine fürchterliche Angst beschlich es, ob es wohl je wieder aus diesem dunkeln Loch herauskommen und Onkel Peter wiedersehen werde.

Es wurde Nacht. Die Arbeiter gingen heim, und die Pferde kamen eines nach dem andern in den Stall hinein.

Und jetzt wurde es ungemütlich. Die Pferde hatten den ganzen Tag die schweren Kohlenwagen in den Stollen umhergezogen und waren sehr schlechter Laune. Schließlich kam nach ein schwarzes Roß herein, und Hü wagte sich nicht mehr zu rühren.

«Hier ist etwas Neues», wieherte das schwarze Roß, «ich rieche das genau!» Und es schnüffelte im ganzen Stall herum, bis es im Stroh das hölzerne Pferdchen fand, das an allen Gliedern zitterte. Der Schwarze schnaubte zornig. Das war kein gutes Zeichen.

«Was ist los?» wieherten alle Pferde und warfen die Köpfe in die Höhe.

«Jawohl, gib Antwort! Was ist da los? Was tust du hier?» brüllte das schwarze Roß und ging auf das kleine Hü los, als wollte es das Zwerglein im nächsten Augenblick auffressen.

«Oh, ich bin ein kleines hölzernes Pferdchen», sagte Hü und wollte erzählen, wie es dahergekommen sei. Aber die Rosse begehrten nichts zu hören. «Was wollen sie mit diesem Holzrößlein da», zürnten sie, «sind denn wir nicht gut genug?» Und die ganze Nacht schimpften sie und stampften mit den Hufen wütend auf den Boden. Hü zog sich noch weiter in seine Ecke zurück.

Am Morgen waren die Rosse nicht freundlicher. Bei jeder Gelegenheit stießen sie Hü oder gaben ihm Tritte mit ihren Hufen. Ein Wunder, daß es noch nicht in Stücke geschlagen war! Natürlich ließen sie Hü immer die schwerste Arbeit tun. Und sie sorgten auch dafür, daß es als letztes Feierabend bekam.

Aber das Rößlein arbeitete tapfer. Immer dachte es an Onkel Peter, und es wußte, daß es am Ende der Woche sechs Groschen bekam. Mit der Zeit verdiente es sicher so viel, daß es zu Onkel Peter zurückkehren konnte. Als Hü am Samstag seinen Lohn bekam, waren die andern Pferde noch viel zorniger als sonst.

«Wir bekommen nie einen Lohn!» schimpften sie. «Wir bekommen immer bloß Schläge.» Das stimmte nun freilich ein wenig. Denn die Rosse waren wirklich eine faule Bande, und die Arbeiter mußten sie oft mit der Peitsche zur Arbeit treiben. Und sie waren darum sehr neidisch auf Hü, weil es die Arbeiter freundlich streichelten und aufmunterten, wenn es einmal recht müde war.

Schließlich war in dem Stall eine ganze Verschwörung: die Rosse wollten es dem hölzernen Pferdchen schon verleiden. Wenn zum Beispiel am Sonntag alle Rosse im Förderkorb den hohen Schacht hinaufgezogen wurden zu einem Spaziergang über Land, so ließen sie Hü nicht mitgehen. Es mußte den ganzen Sonntag allein im dunkeln Stall tief unter dem Erdboden bleiben. Und dann stand Hü traurig in seiner Ecke. Es sehnte sich so sehr, wieder einmal die Sonne zu sehen und frei herumspringen zu können. –

Eines Tages arbeitete Hü mit drei andern Rossen und einigen Arbeitern in einem großen Stollen. Es war froh, daß der Tag bald vorbei war; denn die drei Rosse hatten es die ganze Zeit ausgelacht, und Hü wäre gern in den stillen Winkel des Stalles zurückgekehrt, um zu schlafen.

«Dein Meister würde dich sicher nicht mehr kennen», neckten die bösen Rosse, «der rote Sattel, die blauen Streifen, die grünen Rädchen, alles ist kaputt, alles kohlrabenschwarz.»

Hü wußte selber gut genug, daß es mit seiner Schönheit nicht mehr weit her war. Und letzthin hatte es irgendwo ein Rädchen verloren, und nun lächelten sogar die gutmütigen Arbeiter, wenn sie das Rößlein daherhinken sahen auf seinen drei wackeligen Rädlein.

«Wenn ich einmal einen Haufen Geld beieinander habe», sagte Hü, «dann lasse ich mich frisch anstreichen: neue Rädchen, einen neuen roten Sattel und frische blaue Streifen. Und dann soll noch einer sagen, ich sei kein flotter Kerl!»

Da kam aus der Ferne ein Donnern und Krachen. Die Arbeiter warfen die Pickel und Schaufeln hin, und die Rosse stellten die Ohren hoch.

«Was ist das?» fragte Hü erschrocken.

«Weißt du nicht einmal das?» wieherten die Rosse. «Das war eine Explosion! Ein Teil der Gruben ist eingestürzt!»

Die Arbeiter waren erbleicht und sagten, es sei wohl besser zurückzugehen. Sie schirrten die Rosse aus, auch das kleine Hü, das nicht begriff, was da geschah.

Aber kaum war es ausgespannt, da gab es ganz in der Nähe einen Krach wie hunderttausend Donnerschläge.

«Lauf, lauf!» hörte es die Männer noch schreien, und dann ging ein Rasseln und Prasseln los, als würden Himmel und Erde zusammenstürzen. Hü wurde hierhin und dorthin geworfen. Große Kohlen- und Steinklötze flogen an seinen Kopf, und es war verbeult und zerschlagen von oben bis unten. Endlich blieb es liegen unter einem großen Steinhaufen.

Da lag nun Hü verschüttet tief unter dem Erdboden, tausend Meilen weit weg von Onkel Peter, der nicht wußte, wie elend sein Rößlein in der Not war.

Eine Weile verschnaufte es von dem ausgestandenen Schrecken und hörte, wie sich ganz in der Nähe etwas bewegte: es war eines der Rosse. Und nicht weit weg waren die andern zwei. Hü arbeitete sich aus dem Steinhaufen heraus und tastete sich zu den drei Rossen hin.

«Was ist wohl mit den Arbeitern passiert?» fragte es.

«Ich habe sie noch fortrennen sehen», sagte das schwarze Roß. «Ich denke, sie haben sich retten können, bevor die Grube einstürzte. Aber wir sind jetzt eingeschlossen. Wir werden in diesem Loch ersticken oder verhungern.»

Aber Hü gab den Mut nicht auf. An allen Seiten versuchte es mit seinem hölzernen Kopf durchzustoßen. Irgendwo mußte doch ein Ausweg zu finden sein.

«Ich rieche frische Luft», rief es plötzlich, «da muß eine Spalte sein.»

«Oh, finde uns einen Ausweg», baten die Rosse schluchzend, «hilf uns hinaus, wir wollen dich nie, nie mehr beißen und schlagen.»

Und richtig, Hü fand in der steinernen Wand eine Lücke, durch die von draußen frische Luft einströmte. Da wurde es so aufgeregt, daß es den Kopf mit aller Gewalt durch den Spalt zwängte – und, o weh!, es konnte ihn nicht mehr herausziehen.

Das war nun ganz schlimm. Halb war Hü draußen an der prächtigen frischen Luft, und halb war es in der Lücke eingeklemmt zwischen den harten spitzigen Steinen.

Die drei Rosse versuchten zu helfen, so gut sie konnten, aber es schien unmöglich, das hölzerne Pferdchen aus seiner bösen Lage zu befreien. «Zieht stärker, zieht stärker!» schrie Hü, und die Rosse zerrten gemeinsam am kleinen Pferdchen. Der Schwarze packte am Schwanze an, und die andern zogen aus Leibeskräften an den Hinterbeinen.

Und: Krack! Das Rößlein war wieder drinnen, aber – ohne Kopf. Der Kopf war abgefallen und lag draußen vor der steinernen Mauer.

Das war nun dem kleinen Hü zu viel. Es sprang auf die Mauer los und hämmerte so lang an den Steinen herum, bis das Loch groß genug war, um durchzuschlüpfen. Und es merkte nicht, daß ihm das Geld aus dem Bauche herausfiel und unter die Steine rollte. Es klopfte und schlug drauflos, bis auch die andern Rosse durchschlüpfen konnten. Es achtete nicht darauf, daß die Rädchen in Stücke gingen und die herunterfallenden Steine ihm noch die letzten Reste der Farbe wegschlugen. Die Hauptsache war, daß es seinen Kopf wieder hatte. Und nun galoppierten die drei Rosse wiehernd zur Grube hinaus, so schnell die Beine sie trugen. Und Hü hinkte mühsam hintendrein, es hatte ja keine Rädchen mehr.

Beim Ausgang der Grube standen die Arbeiter und trauten kaum ihren Augen, als sie sahen, daß die drei vermißten Rosse und auch das kleine Hü noch am Leben waren.

Und nun bekamen alle für den ausgestandenen Schrecken einen Tag Ferien. Aber Hü stand still beiseite und ließ den Kopf tief hangen. Denn etwas Schreckliches war geschehen in der langen Zeit, die es in der Grube verbracht hatte: es war ganz blind geworden.

Hü zieht eine Königskutsche

Es war kein Zweifel: Hü war in der Dunkelheit des Bergwerkes erblindet. Kein bißchen sah es mehr, auch am hellheiteren Tag nicht.

Und als die Rosse wieder in die Gruben geführt wurden, blieb es allein zurück und wanderte aufs Geratewohl weiter, bis es mit dem Kopf an einen Baum stieß. Das Rascheln des Laubes und das Rauschen der Blätter verrieten Hü, daß es in einem Wäldchen war.

Zum ersten Male seit vielen Wochen hörte Hü wieder die seltsamen Geräusche des Waldes. In der Ferne heulte der Uhu, Fledermäuse flatterten durch die kühle Nachtluft, und ganz nahe raschelte von Zeit zu Zeit ein Fuchs oder ein Igel vorbei.

Und dann kam der Morgen. Nicht daß Hü etwa die aufsteigende Sonne gesehen hätte, nein, es war ja vollkommen blind. Aber es spürte die wohlig wärmenden Sonnenstrahlen, die seinen armen zerschlagenen Körper sanft beschienen.

«Ach, wenn ich nur sterben könnte!» klagte es, «jetzt habe ich das Augenlicht verloren und kein Geld mehr und nur noch drei zersplitterte Rädchen. Gar nichts kann ich mehr für Onkel Peter tun!»

Da hörte Hü Schritte im Grase, und zwei zarte kleine Hände faßten es und hoben es auf.

«Oh, oh!» rief eine liebe Knabenstimme, «was habe ich da für ein schönes hölzernes Pferdchen gefunden!»

Hü wurde es recht warm ums Herz, denn es war nun schon lange her, seit es

ein schönes hölzernes Pferdchen genannt wurde. Und es blinzelte mit den Augen, weil es doch allzugerne gesehen hätte, wer denn so nett zu ihm war. Und da war es ihm, als dringe wieder ein Strahl des Sonnenlichtes in seine dunkeln Augen. Wenn es nun doch nicht für immer blind wäre?
«Wer bist du?» fragte Hü. Und der Bub sagte:

«Ich bin Robi; mein Vater arbeitet dort drüben im Bergwerk, und wohnen tun wir hier in Kohlenheim. Ich bring' dich jetzt gleich zu mir nach Hause. Willst du?»

O ja, Hü wollte gern. Und Robi ging mit ihm heim und fegte es nun zuerst einmal unter dem Ziehbrunnen, bis die Farbe unter der dicken Kruste von Kohlenstaub wieder ein wenig zum Vorschein kam. Und als ihm Robi sogar die Mähne und den Schwanz bürstete und kämmte, da fühlte sich Hü wieder wie neugeboren.

Und langsam, langsam fing es auch wieder an ein wenig zu sehen. Es konnte schon seinen kleinen Retter Robi unterscheiden, und die Mutter und das kleine Schwesterlein und die blitzsaubere Küche, wo die Mutter hantierte.

Am Abend kam der Vater heim. Und nun begann für Hü das Schönste, was es sich überhaupt träumen konnte. Denn nach dem Nachtessen zog der Vater das Taschenmesser hervor, schnitzelte für das Rößlein vier neue Rädchen und nagelte sie mit glitzernden Nägeln an. Und dann holte er in seiner Werkstatt drei Büchsen mit roter, blauer und grüner Farbe und malte Hü so prächtig an, daß man meinen konnte, Hü komme direkt aus Onkel Peters Spielzeugsack. Hü und der Robi tanzten vor Freude in der Küche herum und machten einen solchen Lärm, daß das kleine Schwesterlein erwachte und die Mutter mit den beiden Ruhestörern schimpfen mußte. Sogar dem Vater sagte sie, wenigstens er sollte doch ein wenig die Vernunft walten lassen. Aber schließlich waren alle wieder zufrieden, und auch die Mutter streichelte Hü liebkosend über die frisch gekämmte Mähne.

Robi und Hü waren bald gute Freunde, und das Rößlein wollte um kein Geld mehr in das Bergwerk zurückkehren. Es wäre doch schade um sein neues Kleid und die neuen Rädchen, dachte es. Und es wollte nicht noch einmal blind werden oder gar noch einmal eine solche Grubenexplosion mitmachen.

Robi fand bald die drei Münzen, die noch in Hüs Bauch geblieben waren.

«Da habe ich ja eine feine Sparbüchse gefunden», sagte er. Und er nahm seine Spargroschen aus dem roten Strumpf heraus, den ihm die Mutter als Sparkäßlein gegeben hatte, und steckte sie in das Loch in Hüs Hals. Und das Rößlein war stolz darauf, daß Robi ihm sein ganzes Vermögen anvertraute.

Auch für das Schwesterlein war Hü bald der liebste Kamerad. Manchmal packte es das Rößlein am Hals oder an einem Bein und schüttelte es hin und her. Und wenn dann die Münzen in Hüs Bauch klingelten und klapperten, jauchzte es vor Freude. Und Hü ließ sich das gern gefallen.

Aber ewig konnte das nicht so weitergehen. Hü wollte doch so schnell wie möglich zu Onkel Peter zurückkehren. Und so war es froh, als eines Tages Robi zu ihm kam und sagte:

«Du, Hü, hör einmal! Mir gefällt es nicht mehr so recht in Kohlenheim. Ich möchte einmal in die weite Welt hinaus, vielleicht sogar in die große Stadt, wo der König mit den kleinen Prinzen und Prinzessinnen wohnt. Kommst du nicht mit?»

Aber Hü machte doch ein bedenkliches Gesicht und meinte:

«Aber was sagen denn der Vater und die Mutter?»

«Oh, die sagen sicher nichts», sagte Robi und wurde ein wenig rot. «Ich kaufe ihnen in der Stadt ein schönes Geschenk, und auch einen Haufen Kuchen und Zuckerwerk für mein Schwesterlein. Und wer wird noch ans Schimpfen denken, wenn wir dann mit einem großen Sack voll Überraschungen heimkommen? Ich habe jetzt doch fünf Taler gespart!»

Da war Hü zufrieden. Und eines Morgens, als noch alle andern schliefen, standen Hü und Robi auf und wanderten auf der langen, langen Straße der Stadt zu. Robi ging mit großen Schritten voraus, denn er fühlte sich wie ein großer Mann. Und hintendrein rollte Hü auf seinen vier neuen Rädchen.

«Wenn mich jetzt nur Onkel Peter sehen könnte mit den neuen Rädchen und dem frisch gemalten Sattel und den blauen Streifen», dachte Hü, «aber vielleicht kann ich in der Stadt etwas verdienen. Und dann fahre ich so bald als möglich über das Meer zu meinem Meister zurück.»

Als sie endlich in die Stadt kamen, fanden sie die Straßen vollgestopft von Leuten, die schwatzten und eifrig herumschauten.

«Stehen die Leute in der Stadt immer so faul auf der Straße herum?» fragte Robi einen der Männer, denn in Kohlenheim waren an den Werktagen immer alle an der Arbeit.

«Heute ist halt Feiertag», sagte der Mann freundlich, «der König hat Geburtstag. Und da fährt er in seiner königlichen Kutsche mit der Königin und mit den zehn kleinen Prinzen und Prinzessinnen in der Stadt herum.»

«Ist das eine schöne Kutsche?» wollte Robi wissen.

«O ja», antwortete der Mann, «zehn schneeweiße Rosse ziehen sie. Und die ganze Stadt will diesem Umzug zuschauen.»

«Da sind wir ja gerade zur rechten Zeit in die Stadt gekommen», sagte Hü. Und sie drängten sich zwischen die vielen Leute, denn das durften sie nicht verpassen, wenn die Königsfamilie in ihrer Galakutsche durch die Stadt fuhr.

Sie warteten und warteten, und die Leute wurden allmählich unruhig. Ungeduldig begannen sie auf und ab zu gehen, reckten und streckten die Hälse und schüttelten mißmutig die Köpfe. Robi und Hü wurden hin- und hergestoßen, bis sie zuletzt überhaupt in einer andern Straße standen. Aber die Kutsche kam immer noch nicht.

«Wo bleibt unser König?» fragten die Leute. «Ist vielleicht ein Unglück passier?»

Hü und Robi wanderten ein Stück weiter und waren ganz erstaunt, als die Straße geradewegs in den Hof des königlichen Palastes führte.

Da stand vor dem Tore die goldene Kutsche, und vorn waren zehn – nein: nur neun schneeweiße Rosse angespannt. Das zehnte Roß stand daneben und ließ den Kopf tief hangen. Denn es hatte ein Hufeisen verloren und konnte nun nicht mehr ziehen helfen. Und neben der Kutsche standen der König, die Königin und die zehn kleinen Prinzen und Prinzessinnen, alle in großer Aufregung. Denn es war ganz klar: zum Ziehen der schweren Kutsche waren alle zehn Pferde nötig. Sonst mußte eben eines der Kinder daheim bleiben.

«Wir wollen es noch einmal probieren», befahl der König und schaute mit gerunzelter Stirn zur großen Turmuhr hinauf. «Steigt einmal ein, vielleicht können die neun Schimmel doch uns alle ziehen.»

Der König und die Königin setzten sich vorn in die Kutsche. Die königlichen Lakaien stiegen hinten auf, denn ohne sie ging es auf keinen Fall. Und die Prinzen halfen ihren Schwestern in den Wagen und stiegen zuletzt noch selber hinein.

Aber der Kutscher konnte mit der Peitsche knallen, soviel er wollte, die Pferde kamen kaum ein paar Schritte weit. Und die Rosse schüttelten traurig die langen Mähnen, als wollten sie sagen:

«Es tut uns selber furchtbar leid. Aber es geht mit dem besten Willen nicht!»

«Dann muß halt eines der Kinder aussteigen und daheim bleiben», bestimmte der König. «Wir haben jetzt ohnehin schon zwanzig Minuten Verspätung.»

Da senkten alle Prinzen und Prinzessinnen den Blick zu Boden. Denn jedes hatte Angst, es müsse hierbleiben.

«Lenchen, du bleibst zu Hause», sagte der König. «Du bist die Jüngste.» Und die kleinste der Prinzessinnen stolperte aus der Kutsche hinaus, und die Tränen liefen über ihre Backen und über das weiße Seidenkleidchen. Als die Flügel des Palasttores hinter ihr zugingen, da fingen vor Mitleid auch die andern Prinzessinnen an zu weinen. Und die Königin wischte eine Träne aus den Augen, und der König nagte an seinem Schnurrbart.

Nun knallte der Kutscher wieder mit der Peitsche, die Rosse zogen aus Leibeskräften und die Kutsche kam langsam ins Rollen.

Aber nach kaum zwanzig Schritten standen die Rosse von neuem still.

«Was ist denn jetzt wieder los?» schrie der König ungeduldig, und auf einen Blick der Königin machten sich schon zwei andere Prinzessinnen bereit, aus der Kutsche zu steigen und Lenchen nachzufolgen.

Da kam aber ein Lakai ganz aufgeregt dahergeeilt:
«Herr König! Da vorn steht ein kleines hölzernes Pferdchen. Es weiß niemand, woher es gekommen ist. Und es frägt, ob es an Stelle des zehnten Rosses Ihrer Majestät die Kutsche ziehen dürfe...»

«Sofort einspannen!» donnerte der König, denn jetzt waren sie schon eine halbe Stunde zu spät. Und während die Roßknechte das hölzerne Pferdchen einspannten, rannte der älteste Prinz hinein zu Lenchen und rief ihr schon von weitem zu, sie solle ihre Tränen abtrocknen und das Gesicht waschen. Sie könne nun doch mitfahren.

Und während dieses ganzen Durcheinanders kroch der kleine Robi unter die königliche Kutsche und kletterte flink wie ein Äffchen auf die Radachse. Aber schon hatte ihn einer der Roßknechte entdeckt und packte ihn am Kragen. «Halt, halt!» schrie Robi, «ich gehöre zum hölzernen Rößlein!» Da durfte er an der Kutsche hinten aufstehen zwischen den königlichen Lakaien. Die Königin tupfte mit ihrer Puderquaste etwas in Lenchens verweintem Gesichtlein herum, und die Prinzessinnen wischten die letzten Tränen aus den Augen.

Mit lautem Peitschenknall ging es jetzt zum Hoftor hinaus und hinein in die Stadt. Munter galoppierten die Rosse daher, und allen voran das kleine hölzerne Rößlein.

Dreimal fuhren sie in der Stadt herum, und die Leute jubelten ihnen zu: dem König und der Königin, den kleinen Prinzen und Prinzessinnen. Aber ihr lautestes «Hoch!» galt dem kleinen hölzernen Pferdchen.

Als die Kutsche endlich zum Palast zurückkehrte, durften Hü und Robi in der königlichen Küche die besten Sachen auslesen.

«Morgen will ich euch noch ein Geschenk machen», sagte der König und nickte dem kleinen Hü gnädig zu. Und Lenchen fiel dem Rößlein um den Hals: «Wenn du nicht gewesen wärest, dann hätte ich ganz allein daheim bleiben müssen. Ich danke dir vielmals, liebes kleines Hü! Hoffentlich bleibst du noch recht lange bei uns!»

Hü gewinnt gar ein Pferderennen, zusammen mit einem Kasperle

Hü schlief im Stall bei den zehn weißen Pferden. Sie waren überaus freundlich mit ihm, denn sie sagten:
«Unsere Gäste müssen sich bei uns wie daheim fühlen!»
Am Morgen blieb Hü ruhig liegen und wartete auf Robi. Unterdessen fütterten und tränkten die Knechte die zehn Schimmel und sangen und lachten dazu. Als Robi immer noch nicht kam, stand Hü von seinem weichen Strohlager auf und rollte hinaus in den Hof. Und es lief gerade der dicken königlichen Köchin vor die Nase.
«Hei», rief die dicke Köchin, «da ist ja das hölzerne Rößlein. Bist du denn nicht mit deinem jungen Meister fortgegangen?»
«Ist Robi fort?» fragte Hü erschrocken.
«O ja», antwortete die Köchin, «gestern abend ist sein Vater gekommen und hat ihn am Kragen gepackt und mit heimgenommen.»
«Dann springe ich ihm gleich nach», rief Hü und wollte zum Hofe hinausrennen. Da kam ein königlicher Diener. «Hü, du sollst zum König kommen.» Und Hü folgte dem Diener in den königlichen Palast hinein, durch endlose Gänge und riesengroße spiegelblanke Hallen. Endlich kamen sie in den Königssaal. Das Rößlein wurde ganz schüchtern vor so viel Gold und Silber und kostbaren Teppichen. Als es aber neben dem König und der Königin die zehn kleinen Prinzen und Prinzessinnen sitzen sah, bekam es wieder ein wenig Mut und wagte sich bis vor den Thron des Königs.

«Guten Tag», sagte der König freundlich, «es freut mich, dich heute wiederzusehen. Ich will dir jetzt für deine gestrige Arbeit einen kleinen Lohn geben. Hier hast du zwei Goldstücke für dich. Und hier ist ein drittes Goldstück, das mußt du deinem jungen Meister Robi bringen.»

Und nach einem kurzen Schweigen fuhr der König fort:

«Ihr seid scheint's daheim durchgebrannt?»

«Ich weiß nicht», sagte Hü leise und senkte den Kopf, «wir wollten ein wenig die Stadt anschauen.»

«Schon gut, schon gut», lächelte der König, «Robi ist ja wieder daheim, aber dich möchten wir noch ein wenig bei uns behalten. Möchtest du mit uns kommen? Wir fahren heute nachmittag aufs Land hinaus zu einem Pferderennen.»

«Oh, bitte, komm mit!» bettelten die kleinen Prinzen und Prinzessinnen. Hü wollte eigentlich sofort zu Robi gehen, aber weil der Rennplatz am Wege nach Kohlenheim lag, war Hü einverstanden.

Die ganze königliche Familie stieg in die Kutsche. Alle zehn weißen Rosse waren vorgespannt, denn auch das zehnte hatte unterdessen ein neues Hufeisen bekommen.

Und so ging es in fröhlichem Trab zum Palasthof hinaus und quer durch die Stadt dem Rennplatz entgegen.

Die Leute schauten zu den Fenstern hinaus und winkten dem hölzernen Pferdchen zu, das gemächlich hinter der königlichen Kutsche einherrollte.

«Schaut dort das Rößlein, das gestern die Kutsche gezogen hat!» riefen sie. Und die Kinder eilten ihm nach und steckten ihm Zuckerstückchen und andere gute Sachen zu.

Unterdessen ging es in der Kutsche lebhaft zu.

«Mein Roß wird gewinnen!» rief der älteste Prinz und schlug zur Bekräftigung mit der flachen Hand auf die Knie.

«Nein, meines!» riefen die andern, und jedes zählte die Vorzüge seines eigenen Pferdes auf.

Nur Lenchen, die jüngste Prinzessin, schien sich nicht um das Rennen zu kümmern. Sie plauderte mit ihrem kleinen Hampelmann. Und nur von Zeit zu Zeit guckte sie zum Kutschenfenster hinaus und schaute, ob Hü noch da sei.

Und dann kamen sie zum Rennplatz. Hei, das mußte ein flottes Rennen geben! Hü hatte noch nie so prächtige Rosse beieinander gesehen. Mit fliegenden Mähnen stolzierten diese Rennpferde die Straße auf und ab. Und die Prinzen und Prinzessinnen eilten hierhin und dorthin, um alles anzuschauen. Nur Lenchen durfte nicht allein auf dem Rennplatz herumspringen, sondern saß still neben der Königin und spielte mit ihrem kleinen Hampelmann.

Fürs Leben gern wäre jetzt Hü auch ein Rennpferd gewesen. Ungeduldig stampfte es mit den klappernden Rädchen auf den Boden.

Als endlich alle Rosse mit ihren Reitern bereit waren, wurde die Aufregung der Prinzen und der Prinzessinnen immer größer. Jeder Prinz und jede Prinzessin hatte nämlich ein eigenes Pferd und einen eigenen Reiter. Und jedes Jahr wurde mit diesen Pferden ein Rennen abgehalten. Der siegende Reiter bekam dann zehn Silberdukaten, und der Prinz oder die Prinzessin, dem oder der das siegreiche Pferd gehörte, erhielt vom König einen goldenen Becher.

Einzig Lenchen hatte noch kein Rennpferd und keinen Reiter, denn sie war noch zu klein dafür.

Mit mächtigem Getrampel ritten die neun Reiter auf den prächtigen Rennpferden auf. Vor der Tribüne, wo der König und die Königin und die kleinen Prinzen saßen, machten sie halt und stellten sich in einer Reihe auf. Hü stand neben Lenchen, das recht traurig dreinschaute, weil es auch gern ein Rennpferd und einen Reiter gehabt hätte wie ihre größeren Brüder und Schwestern.

«Ich reite für die Prinzessin Isabell!» meldete der erste der Reiter und schwenkte nach einer tiefen Verbeugung hinüber zur Startlinie. An seinem Ärmel flatterte als Erkennungszeichen ein rosarotes Band.

«Ich reite für Prinz Carlo!» rief der zweite Reiter. Er hatte ein dunkelrotes Band und ritt auf einem kohlschwarzen Rappen mit funkelnden Augen. «Und ich reite für die Prinzessin Klara!» schrie der dritte, der auf einem fuchsroten Pferd saß und ein weißes Band hatte.

«Und ich für Prinzessin Martha!» rief der vierte auf einem hellbraunen Rosse und mit einem silbrig glitzernden Band.

«Ich reite für Prinz Berto!» meldete der fünfte und zeigte stolz sein purpurrotes Band. Er ritt auf einem rostroten Pferd mit weißen Flecken am Kopf und an den Beinen.

Und nun verneigten sich der sechste und der siebente und schrien miteinander: «Wir reiten für die Zwillinge Prinz Max und Prinz Moritz!»

Und die letzten zwei Reiter riefen:

«Ich reite für Prinzessin Annabella!» und «Ich reite für Prinz Ralf!» Sie hatten gescheckte Pferde und grüne und blaue Streifen.

Und jetzt wäre Lenchen an die Reihe gekommen, aber sie hatte ja noch keinen Reiter, weil sie noch nicht sieben Jahre alt war.

Nun klatschte der König in die Hände; das war das Zeichen, daß die Rosse sich hinter der Startlinie aufstellen mußten. Da spürte er einen sanften Stoß an seinem Knie: vor ihm stand das kleine Hü.

«Ich bitte recht schön», sagte es zum König, «darf ich nicht für Prinzessin Lenchen am Rennen mitmachen?»

Lenchen schaute mit großen Augen nach dem hölzernen Pferdchen, und der König lachte freundlich.

«Das ist ja ein prächtiger Einfall», sagte er, «jetzt bekommt mein kleines Lenchen noch ein Reitpferd, bevor es sieben Jahre alt ist.»

Auch die Königin lächelte, und die Prinzen und Prinzessinnen dachten, das werde einen Heidenspaß absetzen.

«Du hast ja keinen Reiter!» spotteten sie. Aber Lenchen setzte seinen Hampelmann auf Hüs Rücken und flüsterte ihm ins Ohr, er müsse sich gar nicht fürchten. Er solle sich nur fest am Zügel halten, dann falle er sicher nicht herunter. Als der König den sonderbaren Reiter sah, lachte er noch mehr. Aber er erlaubte gern, daß Hü mit dem Hampelmann am Rennen teilnahm.

«Ha, ha, ha!» wieherten die Rennpferde. «Schaut mal daher. Das hölzerne Pferdchen will für Prinzessin Lenchen das Rennen mitmachen.»

Und noch mehr lachten sie über den Hampelmann, der wirklich ganz jämmerlich auf Hüs rot gemaltem Sattel saß.

«Achtung!» rief der Schiedsrichter, und alle Rosse stellten sich in einer geraden Linie auf, das kleine Hü ganz links außen. Und dann schrie der Schiedsrichter: «Los!!» – und schon stoben die Rosse davon. Man hörte das Trampeln der Hufe und dazwischen das Klappern von Hüs hölzernen Rädchen. Hü raste über den Boden hin, den Kopf weit vorgestreckt und die Ohren zurückgelegt. Seite an Seite mit den Rossen der Zwillingsprinzen. Und ein kleines Stück weiter vorn schoß das schwarze Pferd Carlos dahin wie der Blitz. Und ganz wenig weiter hinten raste der Rostrote des Prinzen Berto, daß man den Wind um seine Ohren pfeifen hörte.

Hü konnte das Rufen und Schreien der Prinzen und Prinzessinnen gut hören.

«Hopp, hopp! Mein Schwarzer!» schrie Prinz Carlo am lautesten von allen. Und dazwischen hörte man Lenchens zartes hohes Stimmchen:

«Bitte, gewinnen, liebes kleines Hü!»

Und Hü beschleunigte sein Tempo, als es merkte, daß der Hellbraune der Prinzessin Martha näher herankam. Und es überholte Isabells Grauen und galoppierte Seite an Seite mit dem Fuchsroten der Prinzessin Klara.

«Wenn das so weitergeht», dachte Hü, «gewinne ich am Ende noch das Rennen.»

Aber kaum hatte es das gedacht, da geschah etwas Furchtbares. Klick! flog einer der Nägel heraus, die ihm Robis Vater eingeschlagen hatte. Und eines von den hintern Rädchen rollte davon und zur Rennbahn hinaus. Und der Hampelmann auf dem Sattel rutschte von einer Seite zur andern, jeden Augenblick konnte er herunterpurzeln.

Und hinten schrien die Prinzen und Prinzessinnen:

«Oh, oh! Schaut dort! Lenchens Rößlein hat ein Rad verloren. Jetzt gewinnt es sicher nicht mehr!»

Aber nun wurde Hü noch entschlossener, das Rennen auf jeden Fall zu gewinnen.

«Halte dich fest!» befahl es dem Hampelmann, der auf seinem Sattel zitterte und schlotterte. Und bald waren alle Rosse überholt außer den vieren von Prinz Carlo, von Prinzessin Annabella und der Zwillinge Max und Moritz. Hü hörte wieder die Stimme Lenchens:

«Hopp, hopp! Mein liebes Hü. Bitte, gewinne für mich!»

«Natürlich!» wieherte Hü, so laut es konnte. «Ein hölzernes Rößlein kann ganz gut auf drei Rädchen rennen!»

Aber – päng! – flog ein zweites Rädchen heraus. Und die andern Rosse kamen immer schneller hinten nach.

Und mitten im Rennen drehte sich das schwarze Pferd des Prinzen Carlo um und spottete:

«Hallo, Hü! Was machen deine Rädchen? Sind dir nur noch zwei geblieben?»

Aber das hölzerne Rößlein drehte um so schneller seine Rädchen, und der Hampelmann schwankte und baumelte hin und her. Hü überholte Prinzessin Annabellas Pferd, und nun waren ihm nur noch der böse Schwarze von Carlo und die Gefleckten der Zwillingsprinzen voraus.

«Bitte, gewinne für mich, mein liebes kleines Hü!» rief Lenchen wieder.

«Oh, es geht ganz gut mit zwei Rädchen», sagte Hü und nahm alle Kraft zusammen, um die gefleckten Pferde der Zwillinge zu überholen, denn das Ziel kam immer näher.

Aber in diesem Augenblick brach – päng! – das dritte Rädchen mitten entzwei und rollte in zwei Stücken davon in den Sand.

«Jetzt bin ich fertig!» dachte Hü. «Kein hölzernes Pferdchen auf der ganzen Welt kann mit einem einzigen Rädchen ein Wettrennen gewinnen!» Und nun konnten sich die Prinzen und Prinzessinnen kaum mehr halten. «Hopp, hopp, hopp! Mein Schwarzer!» schrie Prinz Carlo aus Leibeskräften. Und die Zwillingsprinzen gellten:

«Hopp, Scheck! Hopp, Scheck!», bis ihnen Carlo in der Aufregung ein paar Ohrfeigen gab. Lenchen saß still neben der Mutter und folgte mit ihren Blicken dem hölzernen Pferdchen, das tapfer weiterhinkte.

Trotz der Zurufe begannen die zwei Gefleckten immer mehr zu erlahmen. Auch der Schwarze von Carlo war müde, und nun nahm sich Hü zum letzten Anlauf zusammen. Bald war ja die fünfte Runde fertig, und das Ziel kam näher. Hü ließ sein letztes Rädlein sausen, daß hinter ihm der Staub hoch aufflog.

Und nun waren die Gefleckten überholt. Und auch der Schwarze drehte den Kopf zurück:

«Was? Mit einem einzigen Rädchen willst du mich besiegen? Warte! Ich will es dir zeigen!»

Und er rückte immer näher an das Rößlein heran und schlug plötzlich mit seinem Huf nach dem letzten Rädchen Hüs.

Und – päng! – das Rädchen flog hoch in die Luft, und Hü überpurzelte sich zwei-, dreimal und blieb liegen.

Und auch der Hampelmann machte ein paar Purzelbäume und lag nun wie tot neben dem hölzernen Rößlein.

Der Schwarze aber lachte höhnisch und galoppierte schweißtriefend durchs Ziel.

Hü blieb eine lange Weile liegen, ohne ein Lebenszeichen zu geben. In seinen Ohren rauschte es, vor seinen Augen tanzte alles im Kreise herum und sein Atem kam «puff, puff, puff» aus dem aufgerissenen Maul.

«Jetzt habe ich genug von der großen Welt», dachte Hü. «Jetzt gehe ich zu Robi und gebe ihm sein Geld. Und dann werde ich so oder so einen Weg über das Meer finden, heim zu Onkel Peter, bevor ich ganz totgeschlagen werde!»

Und Hü stand stöhnend auf und hinkte zu der Tribüne. Es wollte nur noch von der Königsfamilie Abschied nehmen und dann weiterziehen nach Kohlenheim, wo der kleine Robi wohnte.

Aber wie staunte es, als auf der Tribüne alle Prinzen riefen:

«Hü hat gewonnen! Hü hat gewonnen!»

Und Lenchen eilte Hü entgegen und schlang die Arme um seinen Hals. Alle hatten gesehen, wie gemein das schwarze Roß mit Hü gewesen war. Und alle sagten, das hölzerne Pferdchen hätte sicher das Rennen gewonnen, wenn der böse Schwarze ihm nicht das letzte Rädchen weggeschlagen hätte. Und selbst Prinz Carlo schimpfte mit seinem Roß, das ihm mit dem dummen Streich gar keine Ehre gemacht hatte.

Da bliesen zwei Trompeter zur Preisverteilung. Prinzessin Lenchen durfte ganz allein vor den Thron des Königs hinaufsteigen und den funkelnden goldenen Becher in Empfang nehmen. Der Becher war so schwer von Gold, daß Lenchen ihn mit beiden Händen kaum tragen mochte.

Und dem hölzernen Pferdchen hängte die Königin gütig lächelnd eine goldene Kette um den Hals und gab ihm den Preis von zehn Dukaten.

«Komm mit uns heim in den Palast und bleibe immer bei uns!» bettelten die zehn kleinen Prinzen und Prinzessinnen. Aber Hü ließ sich nicht mehr von seinem Plane abbringen. Es wollte heim zu Onkel Peter, sobald es Robi das Geld gegeben und ihm selbst ein guter Mann wieder vier neue Rädchen gemacht hatte.

Lenchen weinte bitterlich. Aber der König sagte:

«Das ist sehr nètt vom hölzernen Rößlein, daß es seinen armen kranken Meister nicht im Stich läßt.»

Und zu Hü sagte er:

«Wenn du zu deinem Meister heimkommst, dann sage ihm, bitte, er soll für jedes meiner Kinder ein so feines hölzernes Rößlein machen, wie du eines bist. Ich werde ihm für jedes einen blanken Taler bezahlen!» Die Prinzen und Prinzessinnen jubelten, und Lenchen fiel Hü noch einmal um den Hals und gab ihm zum letzten Abschied noch tausend Küsse.

Es gibt neue Abenteuer, zunächst in einer Schmiede

Hü machte sich auf den Weg nach Kohlenheim. Mutterseelenallein hinkte es der Landstraße entlang. Und als es Nacht wurde, schlüpfte es in einen Heuschober und schlief bis zum Morgen.
Das erste, was Hü beim Erwachen hörte, waren kräftige Hammerschläge. «Das tönt ja wie das Hämmern eines Schmiedes», sagte Hü, «und einen Schmied brauche ich eben, um mir vier neue Rädchen machen zu lassen, starke Rädchen, mit Eisen beschlagen. Und ein Schmied hat auch die besten Nägel, um die Rädchen fest anzumachen, daß ich sie nie mehr verliere.»
Und das Rößlein kroch aus dem Heuschober heraus und kam vor das Tor einer großen rußigen Schmiede, wo eben ein Schimmel frisch beschlagen wurde. Der Schmied war ein stämmiger Mann mit mächtigen Fäusten, die sicher schon tausend Hufeisen und Radreifen geschmiedet hatten. Und trotz der strengen Arbeit war er immer freundlich und meinte es mit allen Menschen und Tieren gut.
Dem Sohne des Schmiedes aber, der mit dem Vater arbeitete, sagte man schlimme Dinge nach. Kein Mensch hatte ihn jemals lachen sehen, oder höchstens dann, wenn er einem Kind oder einem unschuldigen Tiere etwas zuleide tun konnte. Nun, davon wußte ja Hü nichts. Und so hinkte es zum alten Schmied hin und begann:
«Guten Tag, Herr Schmied!»
«Guten Tag, mein kleines Rößlein», erwiderte der Schmied, «wo kommst denn du her? Und was hast du für ein Anliegen?»

«Ach, ich habe meine Rädchen verloren», antwortete Hü bescheiden, «und nun sollte ich neue starke Rädchen haben mit eisernen Reifen. Weißt du, ich muß noch weit, weit wandern – bis über das Meer!»
Der Schmied schüttelte traurig den Kopf:
«Wir haben nicht mehr genug Brennholz für die Esse. Mit dieser Glut können wir kaum mehr die Hufeisen für den Schimmel des Jägers glühend machen. Und wenn wir damit nicht beizeiten fertig werden, bezahlt uns der Jäger nichts, und wir haben kein Geld mehr, um neues Eisen zu kaufen.»
«Dann kannst du mir also keine Rädchen machen?» fragte Hü traurig.
«Wir wollen einmal sehen», sagte der Schmied, «aber jetzt mußt du eben noch ein wenig Geduld haben.»
Da verzog sich Hü in eine Ecke und schaute der Arbeit zu. Und es war eine Freude, zuzusehen, wie sauber und genau der alte Schmied das Eisen hämmerte und dem Schimmel anpaßte.
Ganz anders arbeitete der Sohn. Der schlug alle Nägel krumm hinein und stieß dafür den Schimmel in die Weichen, selbst wenn dieser ganz ruhig stand.
Da wurde es Hü doch zu bunt.
«Dieses Eisen hält sicher nicht!» rief es, als der Sohn drei Nägel ganz krumm hineingeschlagen hatte.
«Du bist wirklich ein Nichtsnutz!» sagte der Schmied zu seinem Sohn, als er die Arbeit prüfte. Und der Sohn hätte das hölzerne Rößlein am liebsten mit dem Vorschlaghammer zusammengeschlagen, weil es ihn verraten hatte.
Aber es gab nichts anderes, die Nägel mußten wieder herausgezogen werden, – und unterdessen war in der Esse das Feuer ausgegangen. Umsonst trat der

Schmied den Blasebalg: die Glut war ausgebrannt, und das Eisen wurde nicht mehr heiß.

«Warte ein wenig», sagte der Schmied, «ich will doch noch einmal im Hause etwas Holz oder Kohlen suchen.»

Das kam dem Sohn gelegen. Kaum war der Schmied hinausgegangen, so packte er das Rößlein und schüttelte es grimmig.

«Kling, kling», machten die Gold- und Silberstücke in dem Bauche Hüs. Und der junge Schmied horchte auf!

«Das tönt nicht schlecht», brummte er, «da steckt ja ein ganzes Vermögen drin. Das will ich herausnehmen und das Rößlein ins Feuer werfen. So wird das ver-

fluchte Eisen am Ende doch noch glühend. Und mit dem Geld kann ich von heute an ein Faulenzerleben führen.»

Hü begann vor Angst zu zittern, als es hörte, was der Bursche da vor sich hin murmelte.

Und der junge Schmied legte Hü auf den Amboß. Da schrie es in Todesangst zum Schimmel hinüber:

«Zu Hilfe! Der Kerl da will mich totschlagen und mir mein Geld stehlen!»

Der Schimmel war schon die ganze Zeit über wütend über den faulen Kerl, der alle Arbeit verkehrt machte und dazu einen plagte, wo er konnte. Und jetzt war der richtige Augenblick gekommen. Er schlug mit seinem Huf nach dem Burschen, so stark er konnte. Und dieser purzelte Hals über Kopf durch die ganze Schmiede und blieb in einer Ecke liegen.

«Wartet, ich will euch lehren, ihr verdammten....!» schrie der Gestürzte und packte einen mächtigen Hammer.

Aber Hü und der Schimmel waren flinker als er. Hü sprang von dem Amboß hinunter, und der Schimmel riß sich mit aller Kraft von dem Ring los. Und beide galoppierten miteinander zur Schmiede hinaus und tief in den Wald hinein, bis weit und breit kein garstiger Schmiedesohn mehr zu sehen war. Da blieben sie endlich stehen und berieten, was sie nun tun sollten. «Wir müssen doch zurückgehen», sagte Hü, «sonst kommt der gute Schmied in Verlegenheit. Dein Herr wird ihn vielleicht sogar ins Gefängnis stecken lassen, wenn er sieht, daß du ihm durchgebrannt bist.»

«Das ist wahr», gab der Schimmel zu, «und der Schmied ist wirklich ein so guter Mann, wie ich nie einen getroffen habe.»

«Also gut», meinte Hü, «dann wollen wir für ihn auch noch etwas arbeiten, meinst du nicht? Wir könnten ihm aus dem Wald hier einen großen Haufen Holz für seine Esse bringen, er hätte sicher große Freude.»

Und gleich gingen sie an die Arbeit, brachen überall die dürren Äste und Zweige herunter und luden sich den ganzen Haufen auf den Rücken. Von Hü sah man fast nichts mehr als die vier magern Beine, die flink über Stock und Stein stolperten.

So kamen sie zurück und fanden den Schmied ganz verzweifelt. Er hatte zwar seinen Sohn nach Noten durchgeprügelt, aber er hatte die Hoffnung aufgegeben, vom Schimmel und von Hü je wieder eine Spur zu sehen.

Jetzt ging es nicht mehr lang, so prasselte in der Esse ein munteres Feuer. Und während der Schmied den vierten Huf des Schimmels beschlug, trat Hü den Blasbalg, daß es eine Freude war.

Bald erschien auch der Jäger und war guter Laune, als er seinen Schimmel

schon bereit fand. Er zahlte dem Schmied das Doppelte und ritt mit seinen Dienern in den Wald auf die Jagd. Hü und der Schimmel konnten sich kaum mehr «Auf Wiedersehen!» zurufen, und schon war der ganze Jägerzug davongestoben.
Nun machte sich der gute Schmied an die Arbeit, um dem hölzernen Rößlein vier starke Rädchen zu schnitzen und vier Reifen zu schmieden.
«Das wird jetzt ein gutes Weilchen halten», sagte er. Und als alles fertig war, wollte er von Hü keinen Groschen annehmen, sondern er dankte ihm noch herzlich, daß es mit dem Schimmel so viel gutes Holz hergeschleppt hatte.

Hü sieht den Freund Jumbo wieder und wird Seiltänzer in einem Zirkus

Wie prächtig ging jetzt das Wandern mit den neuen eisenbeschlagenen Rädchen! Vergnüglich rollte Hü auf der Landstraße weiter und hoffte am Abend in Kohlenheim zu sein. Und morgen wollte es von Robi und der ganzen Familie Abschied nehmen und den Weg zur Küste suchen. Dort würde sicher ein Schiff es über das Meer mitnehmen in das Land, wo Onkel Peter vielleicht noch krank bei dem alten Weiblein war.
So kam Hü in ein Städtchen, wo eben ein Wanderzirkus seine Zelte aufgeschlagen hatte. Und rund um diesen Zirkus herum hatte sich eine ganze Budenstadt angesiedelt: Karusselle, Schiffchenschaukeln, ein Kasperletheater und natürlich auch ein ganzer Haufen von Ständen, wo man Schokolade, Zuckerstengel, spanische Nüßchen und gebratene Maronen kaufen konnte.
Am schönsten aber war der Zirkus selber. Da brüllten Löwen und Tiger in großen Käfigen, und hinter einem Drahtgitter ringelten sich lebendige Schlangen, und ein Riesenkrokodil sperrte sein furchtbares Maul auf, daß die Kinder schreiend davonsprangen.
Hü schaute natürlich alles genau an. Und als es seine Nase in eines der großen Zirkuszelte hineinsteckte, rief plötzlich eine Stimme, die ihm bekannt vorkam:
«Sapperlot, da ist ja mein kleiner Freund Hü!»
Hü drehte sich um: da stand Jumbo, der Elefant!
War das ein fröhliches Wiedersehen! Jumbo packte Hü vor Freude an einem Bein und hob es mit seinem langen Rüssel hoch in die Luft hinauf.

Und dann erzählten sie einander, was sie seit jener Fahrt über das Meer alles erlebt hatten.

Jumbo hatte damals sofort bei einem Zirkus eine Stelle bekommen, so berichtete er. Er hatte noch die neuesten Kunststücke gelernt und machte jetzt jeden Nachmittag und jeden Abend bei den großen Vorstellungen mit.

Auch Hü erzählte alle seine Erlebnisse. Und Jumbo hörte aufmerksam zu und nickte nur zuweilen beifällig mit seinem mächtigen Kopf.

«Geh noch nicht fort», bat er, «vielleicht sehen wir uns später nie mehr. Und wenn du über das Meer zurückfährst, dann wirst du mich sowieso ganz vergessen.»

Hü konnte die freundliche Einladung nicht abschlagen. Es wollte gerne diese Nacht und den nächsten Tag bei Jumbo bleiben und auch einmal sehen, wie er im Zirkus spielte.

Als der Abend kam und Jumbo in das riesige Zirkuszelt geführt wurde, rollte Hü hinter ihm drein, um bei der Vorstellung zuzuschauen.

Der Zirkus war voll von großen und kleinen Leuten. Und allen kugelten Tränen herunter vor Lachen, als ein Hanswurst seine Grimassen schnitt und die kühnsten Purzelbäume über Stühle und Tische hinweg machte. Als aber die knurrenden Löwen und Tiger hereinkamen, da wurde es mäuschenstill. Und besonders die Mütter mit ihren Kindern waren froh, als der Tierbändiger mit seinen wilden Künstlern wieder abzog.

Dann kamen noch die Vorführungen der Neger und Papageien, der Affen und der Tänzerinnen.

Und zuletzt trat als Glanznummer Jumbo, der Künstlerelefant, auf. Es war wirklich wunderbar, was Jumbo alles verstand. Er konnte auf einem Bein und sogar auf dem Kopf stehen. Er balancierte mit seinem Rüssel Stühle und lange Stangen. Er konnte mit Kreide auf einer Wandtafel seinen Namen schreiben und sogar ein Liedchen trompeten. Und schließlich packte er seinen Wärter an einem Bein, wie er es vorhin mit Hü gemacht hatte, und hob ihn in die Luft. Da klatschten die Leute stürmischen Beifall und warfen für Jumbo ganze Tüten voll Früchte und Süßigkeiten in den Spielraum.

Weil Hü keine Hände hatte, um zu klatschen, rasselte und stampfte es mit seinen neuen Rädchen so laut, daß der Zirkusdirektor umschaute.

«Was hast du da zu suchen?» fragte er und runzelte die Stirn. Er hatte es natürlich nicht gern, wenn jemand in den Zirkus hineinkam, ohne zu zahlen.

«Ich bin nur bei meinem Freund Jumbo auf Besuch», sagte Hü bescheiden. Weil aber der Zirkusdirektor immer noch ein böses Gesicht machte, fügte Hü schnell hinzu, es könnte auch noch einige Kunststücklein aufführen, wenn er wolle.

«Für ein hölzernes Rößlein, das beim Pferderennen einen goldenen Preis gewonnen hat, ist ein Zirkuskunststücklein ein Kinderspiel», dachte Hü.

«Kannst du den Kopfstand machen?» fragte der Zirkusdirektor.

«O ja», sagte Hü.

«Und kannst du rückwärts galoppieren?» fragte der Direktor weiter.

«Oh, natürlich», antwortete das Rößlein, denn es dachte: Wer bei einer Grubenexplosion heil davonkommt und die schwere königliche Kutsche dreimal in der ganzen Stadt herumziehen kann, für den ist es doch eine Kleinigkeit, den Kopfstand zu machen und rückwärts zu galoppieren.

«Und kannst du auch auf dem hohen Seil balancieren?» wollte der Direktor wissen.

«Selbstverständlich!» antwortete Hü. Es war nämlich überzeugt, daß es alles verstehe, was von einem hölzernen Rößlein überhaupt verlangt werden konnte.

«Dann komm hierher!» sagte der Zirkusdirektor.

Hoch, hoch über den Köpfen der Zuschauer war das Seil gespannt. Und schon wenn man von unten hinaufschaute, konnte es einem ganz schwindlig werden. Dort oben nun sollte Hü seine Kunst versuchen. Wenn es aber herunterfiel – dann mußte man ihm nur noch ein Totengräblein schaufeln. Und dann hatte Onkel Peter niemanden mehr auf der Welt.

«Wenn du deine Sache gut machst, so gebe ich dir einen Taler», versprach der Zirkusdirektor und half dem Rößlein hinauf zur kleinen Plattform, wo das Seil anfing.

Und während nun Hü zitternd wartete, bis das lebensgefährliche Kunststück beginnen konnte, verkündete der Zirkusdirektor mit dem Sprechrohr: «Meine Damen und Herren, bleiben Sie sitzen! Sitzenbleiben, meine Herrschaften, nur noch ein Augenblickchen! Sie sehen jetzt als Extranummer die große Weltsensation: das hölzerne Rößlein Hü als Seiltänzer. Achtung, Achtung! Meine Herrschaften!» Und er knallte mit der Reitpeitsche: das war das Zeichen, daß Hü den gefährlichen Gang über das Seil beginnen mußte.

Langsam, langsam, Stücklein um Stücklein ging es vorwärts. Und drunten hielten die Zuschauer den Atem an.

Als Hü endlich auf der andern Seite ankam, ging ein Beifallssturm los, und es regnete Zwanziger und Fünfziger und halbe Taler für das hölzerne Pferdchen.

Der Zirkusdirektor strahlte vor Freude und ließ das Geld für das kleine Hü zusammennehmen. Und er zahlte ihm außerdem den versprochenen Taler und bat es, doch noch eine Woche bei ihm zu bleiben und in den Vorstellungen aufzutreten. Es sollte für jedesmal einen Taler bekommen und dazu noch die vielen Münzen, welche die Leute in den Spielraum warfen.

Und Hü blieb eine Woche beim Zirkus, schlief und aß mit Jumbo und balancierte jeden Abend über das hohe Seil. Bis zuletzt konnte es sogar mit geschlossenen Augen über das Seil gehen, ohne herunterzufallen.

Jeden Abend warf das Publikum einen Haufen Geld für Hü in den Spielraum, und jedesmal gab ihm auch der Zirkusdirektor den versprochenen Taler, bis das viele Geld in seinem Bauche kaum mehr Platz hatte. Und vor lauter Geldschwere bekam Hü auf dem Seil fast das Übergewicht. So sagte es eines Tages: «Heute soll es das letzte Mal sein, daß ich im Zirkus auftrete. Ich habe ja jetzt so viel Geld, daß ich Onkel Peter damit gesund pflegen kann, und wir können fast in Saus und Braus leben, so reich bin ich jetzt.» Zum letztenmal kletterte Hü die Leiter hinauf und rollte bedächtig auf das Seil hinaus.

Hü war etwa in der Mitte angekommen, und die Leute schauten mäuschenstill zu ihm hinauf. Da schrie plötzlich ein Knabe:

«Papa, das ist ja unser hölzernes Pferdchen!»

Dort unten mitten unter den Zuschauern saß wirklich Robi mit seinem Vater. Er hatte in den Zirkus gehen dürfen, weil er heute Geburtstag feierte.

Hü war so überrascht, daß es das Gleichgewicht verlor. Es schwankte nach der rechten Seite und dann nach der linken. Umsonst versuchte es sich festzuhalten: es stürzte unter dem Geschrei der Zuschauer vom hohen Seil herab.

Daß Hü nicht am Boden zerschmettert wurde, war das Verdienst Jumbos. Er hatte ganz ruhig den langen Rüssel ausgestreckt und fing das herunterstürzende Rößlein so sicher auf, als ob er das jeden Tag ein paarmal machen müßte. Und die Zuschauer klatschten und riefen Beifall, mehr als je zuvor. Robi sprang

über die Schranke des Spielraumes und nahm Hü auf die Arme und war überglücklich, daß er sein Rößlein wieder hatte.
Aber ein kleines Unglück war doch geschehen: Hü hatte ein Bein gebrochen.
«Komm nur mit uns», tröstete Robi, «mein Papa macht dir morgen ein neues Bein!»
Und so beschloß Hü, gleich mit Robi heimzugehen, und es hinkte zum Zirkusdirektor und zu Jumbo, um von ihnen Abschied zu nehmen.
«Komm doch mit mir zu Onkel Peter!» sagte es zu Jumbo. «Wir werden es sicher lustig haben. Und du könntest doch Onkel Peter auf deinem Rücken herumtragen, wenn er einmal nicht mehr gut laufen kann.»
Aber Jumbo mußte beim Zirkus bleiben, er hatte ja dem Direktor versprochen, ein paar Jahre bei ihm seine Künste zu zeigen.
Der Zirkusdirektor zahlte Hü den doppelten Lohn und bat es, doch wieder zu kommen, wenn das Bein geheilt sei.

«Oder wenn du selber nicht mehr kommen kannst», sagte er, «dann bitte wenigstens Onkel Peter, daß er mir ein anderes Rößlein macht, genauso wie du bist. Ich werde ihm gern einen Taler dafür geben.»

Und dann zogen die drei zum Zirkus hinaus. Aber zuallererst gab das Rößlein dem kleinen Robi sein Spargeld zurück. Es hatte ja nun selber genug an seinem eigenen Vermögen zu tragen. Und es gab Robi auch das Goldstück, das der König für ihn mitgegeben hatte.

Kaum geheilt, gerät Hü in ein Haus, wo fünf Kinder es bös zurichten

Hü war so müde, daß es, ohne ein Wort zu sagen und halb schlafend, hinter Robi und seinem Vater herrollte. Daheim wurden sie von Robis Mutter und dem kleinen Schwesterlein herzlich begrüßt. Aber das Rößlein wünschte nur noch eine ruhige Ecke, um zu schlafen und das gebrochene Bein zu vergessen. –
Als Hü am andern Morgen erwachte, war es wieder frisch und munter und rollte schon in der Küche herum, als noch die ganze Familie schlief.
«Wie frei und leicht ich mich heute fühle!» sagte Hü und wagte mit seinen drei Beinen einen Luftsprung, auf den sogar ein junger Geißbock stolz gewesen wäre.
Aber auf einmal fiel ihm ein, daß bei dem Sprung gar kein Geld mehr in seinem Bauche geklingelt hatte.
«Das ist schon sonderbar», sagte Hü und machte noch einmal einen Sprung: kein Tönchen gab es in seinem Bauche. Da wurde ihm angst und bange. Es schüttelte sich und drehte sich, lief im Kreise herum und stampfte mit seinen drei Beinen. Aber nicht der leiseste Ton von klingenden Münzen war zu hören. Es war kein Groschen mehr in Hüs Bauch!
Dem Rößlein wurde ganz elend zumute. Umsonst versuchte es herauszufinden, wo es das viele Geld verloren hatte.
Doch langsam erinnerte es sich, wie schläfrig es gestern auf dem langen Heimweg gewesen war, und wie es geträumt hatte, es werde immer leichter und leichter.

«Probieren geht über Studieren», dachte Hü und schluckte einen Kieselstein herunter, der etwa so groß war wie ein Geldstück. Und richtig, der Stein fiel sogleich aus jenem Loch heraus, wo vorher das abgebrochene Bein gesteckt hatte. Aus diesem Loch war also gestern nacht auf dem Heimweg alles Geld herausgefallen.

Da wanderte Hü wieder auf dem gleichen Wege zurück zum Zirkus. Und es guckte eifrig aus nach den Goldstücken und Silbertalern und Kupfergroschen, die es verloren hatte. Aber es fand nichts mehr.

Auf einer Landstraße bleibt Geld nicht lange liegen, und besonders heute nicht, wo die Bauern und Händler schon am frühen Morgen ins Städtchen auf den Markt gezogen waren. Diese hatten große Augen gemacht, als sie alle hundert Schritte ein Goldstück oder eine Silbermünze fanden.

«Da ist sicher in der Nacht eine Goldfee oder ein ganz reiches Heinzelmännchen vorbeigegangen und hat ein gutes Herz gehabt – oder etwa ein Loch in der Geldtasche», hatten sie gesagt.

Endlich fand Hü unter dürrem Laub einen Groschen und schließlich sogar ein Goldstück. Es nahm die beiden Münzen zwischen seine hölzernen Zähne, denn dem bösen Loch konnte es ja nicht mehr trauen.

«Ich habe noch Glück, daß ich von meinem verlorenen Geld wenigstens so viel wiederfinde», sagte Hü. Aber als es an Onkel Peter dachte, dem es das viele Gold und Silber heimbringen wollte, kamen ihm doch die Tränen in die Augen, und es schluchzte, als wollte der Kummer sein armes hölzernes Herz brechen.

«Jetzt bleibt mir nur noch zweierlei übrig: entweder lasse ich mir ein neues Bein machen und spiele wieder im Zirkus. Oder ich gehe gleich jetzt über das

Meer zu Onkel Peter zurück und bringe ihm alle Bestellungen von hölzernen Rößlein: für das kleine Mädchen, für die zehn Prinzen und Prinzessinnen und für den Zirkusdirektor. Aber bis alle zwölf Rößlein geschnitzt und zusammengesetzt und angemalt sind, ist Onkel Peter vielleicht schon lange verhungert.»
Und Hü kehrte zu Robi zurück, aber es sagte nichts davon, daß es alles Geld verloren hatte. Es stand ganz still in einer Ecke und überlegte genau, was es wohl am besten machen sollte. Und es beschloß, nicht mehr zum Zirkus zu gehen.
«Ich glaube, ich würde mich nicht mehr über das Seil getrauen», dachte es, «es ist das gescheiteste, ich gehe so schnell wie möglich zu meinem alten Meister über das Meer.»
Und Hü nahm von Robi und dem kleinen Schwesterlein und von Vater und Mutter Abschied. Robi war recht traurig. Aber was wollte er machen? Er mußte vom Rößlein Abschied nehmen. Der Vater sagte noch:
«Wenn du zu Onkel Peter kommst, dann sag ihm, er solle für meinen Robi ein hölzernes Rößlein machen, gleich schön und stark wie du. Ich will ihm von meinem Lohn gern einen Taler dafür zahlen.»
Und nun stand die ganze Familie unter der Haustüre: der Vater und die Mutter und Robi und sein kleines Schwesterlein. Und alle winkten mit ihren Taschentüchern, bis Hü in der Ferne verschwunden war. –
«Das geht ja ganz gut mit drei Beinen», dachte Hü. Aber nach ein paar Stunden merkte es, daß es nie an die Küste kommen werde, wenn es sich nicht ein neues Bein machen ließ. Es wurde immer müder, und immer langsamer und langsamer kam es vorwärts. Seine drei Beine waren todmüde und taten schrecklich

weh, und Hü konnte kaum mehr aufrecht stehen. Im nächsten Städtchen guckte sich Hü um, wer ihm wohl helfen könnte. Und es fand einen freundlichen alten Mann mit weißen Haaren, der unter der Türe seines Spielwarenladens stand.

«Guten Tag», sagte Hü, «würdest du vielleicht so gut sein und mir für ein paar Groschen ein neues Bein machen?»

«Ja, natürlich, liebes Rößlein», antwortete der alte Mann, «komm nur herein und warte einen Augenblick. Ich will grad ein passendes Stück Holz suchen.»

Hü ging in den Laden hinein, und alle Puppen nickten ihm von den Gestellen herunter freundlich zu und schauten mitleidig auf sein armes gebrochenes Bein.

«Woher kommst du denn eigentlich?» fragte der Alte, «sicher von weit her.»

Hü erzählte ihm seine ganze Geschichte. Der Alte sägte und hobelte unterdessen an einem Stück Holz herum und setzte dem Pferdchen das neue Bein an.

«Hör mal, mein kleines Hü», sagte er, «wenn du heimkommst, dann bitte deinen Meister, daß er für mich auch ein Dutzend solcher Rößlein mache. Ich zahle ihm gern für jedes einen Taler. In meinem Laden könnte ich sie sicher fast für zwei Taler verkaufen.»

Kaum war Hü fertiggeflickt, da trat ein reicher Herr ein. Er stöberte im ganzen Laden herum und nahm ein Spielzeug ums andere auf und warf es wieder hin, als wäre alles nichts wert.

Zuletzt fiel sein Blick auf das hölzerne Pferdchen, dem der Alte eben mit brauner Farbe das neue Bein anmalte.

«Ah, was ist das?» rief der reiche Herr. «So ein Spielzeug habe ich noch nie gesehen.»

«Es ist wahr», antwortete der alte Spielzeughändler, «die hölzernen Rößlein sind jetzt etwas aus der Mode gekommen. Aber als ich ein kleiner Bub war, da ist kein Kind ohne sein hölzernes Rößlein auf die Straße gegangen.»
Und er prüfte noch einmal sorgfältig, ob das neue Bein auch ganz sicher halte. Und dann stellte er Hü auf den Boden.
«Ich will das Pferdchen kaufen!» rief der reiche Herr. «Meine Kinder verlangen ein neues Spielzeug. Und Sie haben nichts mehr im Laden, was ich ihnen nicht schon gekauft habe – außer diesem Rößlein da.»
«Es tut mir sehr leid», sagte der alte Spielwarenhändler, «dieses Rößlein gehört nicht mir. Ich kann es nicht verkaufen. Es will nämlich nur noch für seinen alten Meister, den Onkel Peter, etwas Geld verdienen und dann für immer zu ihm zurückkehren.»
Da meinte der reiche Herr:
«Also gut, mein kleines Hü! Kommt mit mir zu meinen Kindern – nur für eine Woche. Ich gebe dir dafür einen Taler. Und nach einer Woche bist du wieder frei. Meinen Kindern verleiden doch alle Spielsachen schon nach ein paar Tagen. Und dann kannst du ja deine Reise weitermachen.»
«Ob ich eine Woche früher oder später heimkomme, das macht nichts aus», dachte Hü, «aber Onkel Peter wird eine Freude haben, wenn ich ihm einen Taler mehr heimbringe. Vielleicht kann er damit einen neuen Mantel kaufen oder ein paar Säcke voll Kohlen für den Winter.»
So dachte Hü. Aber bevor es mit dem reichen Herrn fortging, fragte es den alten Spielzeughändler, wieviel es schuldig sei für das neue Bein.
«Oh, nichts», sagte der Alte mit einem freundlichen Lächeln, «was ist schon ein

Stück Holz und zwei Nägel und ein wenig Farbe! Aber vergiß nicht, bei deinem Meister für mich das Dutzend hölzerner Rößlein zu bestellen!»

Hü dankte dem guten Alten herzlich und rollte hinter dem Herrn her, bei dem es nun eine Woche lang als Spielzeug dienen mußte.

«Wie kommt das wohl heraus», dachte das Rößlein, «sind die Kinder wohl so nett wie die zehn kleinen Prinzen und Prinzessinnen oder wie Robi und sein Schwesterlein?»

Aber Hü hatte sich getäuscht. Kaum hatte der Herr die Haustüre aufgemacht, da ging droben ein Spektakel los. Fünf oder sechs Kinder rumpelten die Stiegen herunter, stießen sich um und purzelten übereinander her, bis sie unten als ein schreiender Knäuel von Armen und Beinen und Köpfen ankamen. Und als sie endlich wieder auf den eigenen Beinen standen, hängten sie sich an den Vater und schrien:

«Was hast du uns mitgebracht, Vater? Zeigen, zeigen!»

«Ich habe für euch ein neues Spielzeug», sagte der Vater, «nehmt es mit in das Kinderzimmer und seid jetzt schön ruhig!»

Da stürzten sich die Kinder miteinander auf das hölzerne Rößlein und schrien dazu, soviel sie aus der Kehle herausbrachten. Denn jedes wollte das Rößlein für sich allein haben. Die Buben stießen ihre Schwestern, und die kleinen Mädchen rissen ihre Brüder an den Haaren. Und jedes packte Hü an einem Bein oder an einem Rädchen oder am Kopf oder am Schwanz. Ein Glück, daß Onkel Peter ein so starkes Rößlein gemacht hatte und daß wieder alle vier Beine gesund und ganz waren, sonst wäre es jetzt in Stücke gerissen worden.

«Das geht hier wirklich ein wenig anders zu und her als bei den kleinen Prinzen oder bei Robi!» dachte Hü. Aber es hatte keine Zeit, um sich lange Gedanken zu machen. Denn Michael riß es seiner Schwester Monika aus der Hand und rannte mit einem Freudengeheul die Treppen hinauf in das Kinderzimmer. Und Monika stürmte mit Lucie, Hubert und Benjamin dem Sieger nach. Der Vater aber flüchtete vor der schreienden Schar in sein Schreibzimmer.

Michael kam einen Augenblick vor den andern in das Kinderzimmer, warf das Rößlein schnell hinter den Vorhang und versteckte sich selber hinter der Türe. Hü konnte rasch einen Blick in das Kinderzimmer werfen. Nur ein einziges Mal hatte es so viele Spielsachen gesehen: das war in dem Spielhäuschen des kleinen Mädchens gewesen. Aber wie sah es hier aus, du meine Güte!

Alles lag drunter und drüber in einem fürchterlichen Durcheinander. Und alle Spielsachen waren zerbrochen und zerkratzt und zerrissen. Doch da stürzten schon die vier andern Kinder zur Türe herein und schrien: «Michael, was hast du mit dem Rößlein gemacht? Hoppla, hervor damit!» Aber Michael wollte nichts sagen, und der Kampf ging von neuem los, bis Lucie das Rößlein hinter dem Vorhang entdeckte. Da fielen alle über Lucie her, weil sie mit ihrem Fund davonspringen wollte.

Als es endlich Ruhe gab, fühlte sich Hü so zerschlagen wie damals nach dem bösen Sturzflug im Kohlbeet des alten Weibleins und nach der Explosion im Bergwerk von Kohlenheim. Aber die Kinder hatten noch nicht genug. Sie jagten das Rößlein in einem fort im Zimmer herum, bis seine Rädchen wieder zu klappern begannen. Und am Abend war es Hü so schwindlig im Kopf, daß es nicht mehr merkte, ob es in einem weichen Strohbett schlief oder auf dem harten Boden des Kinderzimmers.

Am andern Morgen ging die Geschichte von neuem los, und die Kinder fanden heraus, daß man dem Rößlein den Kopf abschrauben konnte und daß in dem Bauche zwei Geldstücke lagen. Aber es waren doch ehrliche Kinder und sie ließen das Geld in Ruhe. Dafür füllten sie Hü mit ihren Marmelkugeln. Aber diese vielen Stein- und Stahlkügelchen waren so schwer, daß Hü zum erstenmal in seinem Leben richtiges Bauchweh bekam.

Das ging so einige Tage weiter: die Kinder spielten mit dem hölzernen Rößlein und ließen ihm den ganzen Tag keine Ruhe. Es mußte mit ihnen Wettrennen machen durch die Gänge und Treppen hinauf und Treppen hinunter. Und war es nicht zu verwundern: des hölzernen Pferdchens wurden die Kinder nie müde! Sie gingen nun nicht mehr jeden Tag zum Vater, um zu plärren: «Gib uns ein neues Spielzeug.» Sie wollten nichts anderes mehr als das hölzerne Pferdchen. Hü selber war dabei allerdings weniger glücklich.

«Gott sei Dank, geht dieser Spektakel nur noch einen Tag», seufzte es, «dann

hole ich meinen Lohn und mache, daß ich so schnell wie möglich fortkomme.»
Am letzten Tage spielten die Kinder wieder mit dem kleinen Hü. Als die Geschwister nicht gerade aufpaßten, packte Benjamin, der kleinste, das Rößlein und eilte mit ihm in den Garten. Zum erstenmal hatte er jetzt Hü für sich allein, und er war ganz glücklich darüber.
Unten im Garten floß ein Bach vorbei, und dorthin ging Benjamin mit dem Rößlein und ließ es ein wenig Wasser trinken. Dann stellte er es in das Wasser hinein, um zu schauen, ob es nicht schwimmen könne.
«Armes Rößlein!» sagte der kleine Benjamin, als Hü sogleich untersank. «Natürlich kannst du nicht schwimmen, dein ganzer Bauch ist ja voll von den Marmelkugeln!»
Und er nahm Hü wieder aus dem Wasser und füllte mit den Kügelchen seine eigenen Taschen. Nur die zwei Geldstücke legte er wieder hinein und setzte dem Rößlein den Kopf wieder an. Und nun schwamm es ausgezeichnet. Aber – o weh! – plötzlich kam den Bach herunter ein dicker Holzklotz. Und bevor Hü ausweichen konnte, hatte ihm dieser Holzklotz den Kopf abgeschlagen. Benjamin schrie laut auf und wollte Hü zu Hilfe eilen. Er packte das Rößlein, als es gerade untersinken wollte. «Glugg-glugg-glugg!» war das Wasser schon in den hölzernen Bauch hineingedrungen. Aber der Kopf schwamm auf den Wellen des Baches davon, man konnte ihn schon nicht mehr sehen.
Benjamin rannte dem Ufer entlang hinunter, aber es war zu spät: Hüs Kopf blieb verschwunden.
Da kamen Benjamins Brüder durch den Garten gestürmt und fanden den Missetäter.

«Du hast uns das Rößlein gestohlen», schrien sie und stießen Benjamin in die Seite. Und die Schwestern gaben ihm ein paar saftige Ohrfeigen. Und als sie gar sahen, daß das Rößlein keinen Kopf mehr hatte, begann die Schlägerei von neuem. Und den ganzen Tag sprach keines mehr ein Wort mit Benjamin. Als am Abend alle schlafen gegangen waren, stellte Michael das Rößlein unter sein eigenes Bett.

Hü konnte vor Kummer nicht schlafen. Es mußte immerfort an seinen verlorengegangenen Kopf denken. Die Woche war jetzt um, und morgen wollte es wieder auf die Reise gehen. Aber was konnte denn ein Rößlein ohne Kopf machen?

Zuletzt wurde es Hü so elend ums Herz, daß es beschloß, jetzt gleich loszuziehen. Erstens würden es am Tage die Kinder doch nicht fortziehen lassen. Und zweitens wollte es sofort am Ufer des Baches seinen Kopf suchen.

Ganz still kroch es unter Michaels Bett hervor und rollte durch das Schlafzimmer. Es kam gerade zur Türe, da quiekte eines der Rädchen ganz laut.

Michael erwachte und setzte sich im Bett auf.

«Was ist da los?» rief er. «Halt! Wer bewegt sich dort?»

«Was ist los?» gähnte Hubert unter der Decke und erwachte auch.

«Ich habe von den Soldaten geträumt», sagte Michael, «ich war ein Hauptmann.» Und er steckte den Kopf in die Kissen und schlief weiter. Und Hü schlüpfte unbemerkt zur Türe hinaus und suchte einen Ausgang. Aber es mußte sich verirrt haben, denn plötzlich rief eine tiefe Stimme: «Wer da?»

Diesmal war es der Vater der Kinder. Er setzte sich in seinem Bette auf und blinzelte in dem Halbdunkel zum hölzernen Rößlein hinunter.

«Ich bitte um Verzeihung», sagte Hü bescheiden. «Die Woche, die wir abgemacht haben, ist vorbei. Jetzt möchte ich heimgehen zu meinem Meister, Onkel Peter, der über dem Meer wohnt.»

Da sprang der Vater aus dem Bett und holte aus der Schublade sein Portemonnaie.

«Ich hätte Freude gehabt», sagte er freundlich, «wenn du noch eine Woche hiergeblieben wärest, meine Kinder waren sehr zufrieden mit dir. Es tut mir wirklich leid, daß sie mit dir so unartig gewesen sind. Aber ich gebe dir dafür den dreifachen Lohn. Und ich will den alten Spielzeughändler fragen, ob er dir nicht einen neuen Kopf machen könnte. Willst du dann noch eine Woche bei uns bleiben und mit meinen Kindern spielen?»

Aber Hü wollte nichts davon wissen.

«Noch eine solche Woche und dann bin ich tot», sagte es.

«Ich muß dir recht geben», sagte der Herr freundlich. «Aber um eines bitte ich dich: Wenn du zu deinem Meister heimkommst, dann sagst du ihm, er solle für jedes meiner fünf Kinder ein solches Rößlein machen, gelt? Ich gebe ihm gern für jedes einen Taler oder noch mehr.»

Und dann wünschte er dem Rößlein «Gute Reise» und begleitete es bis vor die Haustüre hinaus.

In einem reißenden Fluß ertrinkt Hü fast und landet am Meeresufer

Hü rollte den Parkweg hinunter. Und es war nur gut, daß es seinen eigenen Schatten nicht sehen konnte, denn es sah so komisch aus, wie man sich nur denken kann: ein runder Rumpf ohne Kopf auf vier langen magern Steckenbeinen und halb zersplitterten Rädchen.

Hü kam zum Ufer des Baches, sprang, ohne sich lange zu besinnen, ins eiskalte Wasser und ließ sich von der Strömung talabwärts tragen. Auf beiden Seiten tastete es das Ufer ab, um zu sehen, ob sich sein Kopf nicht irgendwo im Schilf verfangen hätte.

Aber der Bach trug das Rößlein schnell talabwärts, gleich wie er gestern seinen Kopf davongetragen hatte. Und Hü dachte, das sei noch ganz lustig, ohne große Anstrengung und ohne etwas zu bezahlen eine so weite Reise zu machen. Wenn es nur noch seinen Kopf gehabt hätte!

Aber so einfach war es doch nicht, denn bei einem Haar wäre Hü ein großes Unglück passiert. Das ging so:

Schon seit einer Weile hatte Hü ein Brausen und Rauschen gehört. Und dieser Lärm wurde immer lauter und lauter, je weiter Hü schwamm. Und der Bach floß immer schneller. Da kam dem Rößlein noch zur rechten Zeit der Gedanke, da unten sei jedenfalls ein Wasserfall. Daher kam wohl das Rauschen und Brausen. Und nun nahm Hü alle Kraft zusammen und suchte an das Ufer zu schwimmen. Nur wenige Meter vor dem hohen Wasserfall konnte es sich aus dem reißenden Bach retten.

Es mußte aber zuerst seine vom Schrecken zitternden Beine ausruhen. Und es seufzte verzweifelt, als es an seinen armen Kopf dachte, der vor einem Tage diesen Wasserfall hinuntergepurzelt war, ohne sich wehren zu können. «Ich werde meinen Kopf nie mehr finden», jammerte Hü, «warum bin ich nicht beim alten Spielzeughändler geblieben? Der hätte mir sicher einen neuen Kopf gemacht.»

Aber dann tröstete sich das Rößlein wieder: «Vielleicht würde mich Onkel Peter gar nicht mehr kennen, wenn ich mit einem neuen Kopf käme. Da will ich doch lieber ohne Kopf zu ihm zurückkehren. Schließlich fahren noch viele Leute kopflos in der Welt herum.»

Hü machte nun einen großen Bogen um den brandenden Wasserfall herum. Erst viel weiter unten sprang es von neuem ins Wasser und schwamm weiter. Am Himmel oben leuchtete immer noch der Mond, aber im Osten fing es langsam an zu dämmern.

Nun roch Hü bereits das nahe Meer und sein Mut wurde wieder größer. So schnell wie möglich wollte es zur Küste hinunterkommen, sonst fuhr vielleicht

gerade das Schiff weg, das es zu Onkel Peter bringen konnte. Oder vielleicht war hier gerade das Ende des Meeres, und es konnte sogar der Küste entlang zu seinem Meister gehen. Oder vielleicht war Onkel Peter gar selber dahergekommen, um sein Rößlein zu suchen.

Die Sonne stieg höher und höher. Weit vorn am Horizont glänzte ein silberner Streifen: das war das Meer! Aber Hü konnte es ja nicht sehen. Es hatte mit dem Kopf natürlich auch die Augen verloren. Und auch wenn es die Augen noch gehabt hätte, so wäre es zu müde gewesen, um noch etwas zu sehen.

Und jetzt konnte man schon das Tosen der Brandung hören und das Schreien der Möwen und der Seeschwalben.

Aber Hü sank immer tiefer, denn immer häufiger spritzten die Wellen ein Maulvoll Wasser ums andere in seinen Bauch.

«Jetzt ertrinke ich», dachte das Rößlein mit Schrecken und hörte auf zu schwimmen. Es hatte nicht mehr die Kraft, um ans Land zu kommen. Es gab nichts mehr anderes: Hü mußte ertrinken.

Der Bach wurde immer unruhiger, weil er ins Meer einfloß. Immer mehr Wasser kam durch das Loch in Hüs Hals. Und das Rößlein sank tiefer und tiefer. Und schließlich schlugen die Wellen über ihm zusammen. Nur hie und da stieg noch eine Luftblase auf und zeigte, wo die Strömung das hölzerne Rößlein hintrieb. Es war nur ein Glück, daß es nicht bis auf den Grund hinuntersank. Eine günstige Strömung hatte es erfaßt und trug es sanft hin zur Küste. Und als die Flut zurückging, blieb Hü auf dem Strande liegen. –

Das Rößlein lag noch nicht lange hier, da kam ein langohriger Hund hinzu und schnupperte an ihm herum. Dann packte er es an einem Bein und brachte es seinem Meister, einem alten Eseltreiber, der eben am Flusse seine Esel tränkte.

«Das hat das Meer angeschwemmt», sagte der Eseltreiber.

«Nein, das ist sicher den Fluß heruntergekommen», erwiderte die Frau. Der Hund wedelte mit dem Schwanz, machte ein vielsagendes Gesicht und sagte nichts. Aber er lief hinter das Häuschen und brachte dem Eseltreiber noch etwas anderes, das er gestern hier gefunden hatte: es war der Kopf des kleinen Hü!

Der Eseltreiber hatte eine riesige Freude. Sorgfältig leerte er alles Wasser aus dem Bauche des Rößleins. Als aber die drei Geldstücke herausrollten, riß er die Augen weit auf vor Staunen. Aber er legte das Geld wieder in Hüs Bauch zurück.

«Das hat es wohl sauer verdient», sagte er, und seine Frau nickte dazu. Und dann setzte er dem Rößlein den Kopf an und freute sich wie ein Kind, daß er wie angemessen paßte.

Am meisten freute sich Hü selber. Aber es war noch zu schwach, um ein Wort zu sagen. Es blinzelte nur ein wenig mit den Augen und wackelte ein bißchen mit den Ohren, und dann schlief es ein.

Hü findet Hilfe und gute Arbeit bei einem Eseltreiber

Der Eseltreiber besaß am Strande einen kleinen Stall. In diesem Stalle wohnten seine Esel. Und dorthin trug er jetzt auch das hölzerne Pferdchen, das den ganzen Tag und die ganze Nacht schlief, ohne ein einziges Mal aufzuwachen.
Als es endlich die Augen aufmachte, schaute es verwundert in seinem neuen Heim umher und konnte es kaum glauben, daß es seinen eigenen Kopf wiedergefunden hatte. Recht herzlich dankte es dem Eseltreiber. Und es erzählte ihm, was es alles erlebt hatte und wie es dazu kam, ohne Kopf den Bach herunterzuschwimmen.
«Kommt hier nie ein Schiff vorbei, das mich über das Meer mitnehmen könnte?» fragte es am Schluß. «Ihr seid zwar auch recht freundlich zu mir, aber ich möchte doch am liebsten so bald wie möglich zu Onkel Peter zurückkehren.»
Der Eseltreiber meinte, es werde wohl mit der Zeit wieder einmal ein solches Schiff hier vorbeikommen. Und er fragte Hü, ob es nicht unterdessen für Onkel Peter etwas verdienen möchte.
«Oh, sehr gern», sagte Hü, und der Eseltreiber erklärte ihm, was es zu tun hätte:
«Siehst du, hier ist ein großes Seebad», und er zeigte auf die großen Häuser, die in der Nähe des Strandes standen, «und die Kinder der Feriengäste sind bis jetzt immer auf dem Rücken meiner Esel am Strand herumgeritten, wenn schönes Wetter gewesen ist. Aber meine Esel sind nun schon bald zu alt, und

die Kinder hätten sicher größere Freude, wenn sie auf einem hölzernen Pferdchen reiten könnten. Das wäre für sie etwas Neues.»

Hü war ganz einverstanden, und der Eseltreiber versprach ihm die Hälfte von allen Einnahmen.

Und wirklich, das Geschäft ging glänzend. Die Kinder hatten eine riesige Freude an dem lustigen Rößlein, und keines wollte mehr auf den alten Eseln reiten. Und so hatte Hü den ganzen Tag zu tun. Aber es war eine schöne Arbeit, denn die Kinder waren sehr nett mit ihm.

Auch die alten Esel waren freundlich mit Hü. Sie waren gar nicht neidisch darauf, daß das Rößlein beliebter war als sie. Ganz im Gegenteil; sie waren froh, daß sie jetzt weniger zu tun hatten und auf der faulen Haut liegen konnten.

Der Eseltreiber hatte sich nicht getäuscht: schon am ersten Abend konnte er Hü ein Silberstück als Taglohn geben. Und das hölzerne Rößlein dachte: «In ein paar Tagen bin ich ja wieder reicher als je!»

Der Eseltreiber und seine Frau waren sehr gut mit ihm. Sie gaben ihm gutes Essen und wollten nicht, daß es sich überarbeitete.

Obwohl Hü also an seiner Arbeit viel Freude hatte, ging es doch jeden Morgen zuerst zum Ufer des Meeres hinunter, um zu schauen, ob nicht endlich ein Schiff gekommen sei. Aber jedesmal mußte es enttäuscht umkehren: es wollte und wollte kein Schiff kommen. –

Jemand hatte allerdings keine Freude am hölzernen Rößlein: das war ein zweiter Eseltreiber, der am selben Orte wohnte. Er hieß «der Graue Jakob» und war ein finsterer und mürrischer Geselle. Seine Esel waren spindeldürr und sahen ganz verwildert aus.

Aber trotzdem verlangte er für das Reiten unverschämt viel, und darum wollte kein Kind auf seinen Eseln reiten, besonders seit das hölzerne Rößlein hier war. Natürlich war er auf Hü nicht gut zu sprechen, und auch nicht auf den andern Eseltreiber. Und eines schönen Tages packte er seine Siebensachen zusammen und zog mit seinen magern Eseln fort.

Es war die zweite Nacht, nachdem der Graue Jakob ausgezogen war, und Hü schlief wie gewöhnlich im Stall bei den Eseln! Da erwachte es plötzlich: es hatte vor dem Stall draußen Schritte gehört. Es spitzte die Ohren und lauschte. Da machte jemand die Türe auf und kam in den Stall herein. Hü konnte im Halbdunkel sehen: es war der Graue Jakob!

«Das ist doch sonderbar», dachte es, «was hat der Kerl hier mitten in der Nacht zu tun?»

Auf den Zehenspitzen schlich der Graue Jakob zum schönsten und stärksten der Esel hin, der Kaliban hieß, und band ihn los. Da wußte Hü, was der Bösewicht im Sinn hatte.

«Was muß ich jetzt tun?» dachte Hü. «Soll ich dem Eseltreiber rufen, daß der Graue Jakob ihm die Esel stehlen will. Oder soll ich besser den Hund wecken, der in seinem Häuschen wohl eingeschlafen ist?»

Aber es sah, daß der Graue Jakob einen mächtigen Prügel bei sich hatte. Wer dem Kerl jetzt in den Weg kam, der konnte etwas erleben. Und so gab es nichts anderes: Hü dürfte sich nicht bemerkbar machen. Es wollte dem Dieb ganz still nachschleichen und schauen, wohin er den Esel führte.

Die Esel hier im Stall waren dick und fett. Sie waren aber auch naschhaft, und Kaliban war von allen der naschhafteste. Der Graue Jakob mußte ihm nur genug Zucker und Rüben hinstrecken, dann folgte Kaliban willenlos, wohin es auch gehen mochte. Für Zucker und Rüben wäre Kaliban wirklich bis an das Ende der Welt gelaufen.

Der Graue Jakob band Kaliban los und führte ihn zum Stall hinaus. Und bis sie weit genug vom Hause des Eseltreibers weg waren, gab er ihm ein Stück Zucker ums andere. Dann steckte er den Zuckersack tief in seine Manteltasche, ging mit raschen Schritten landeinwärts und zog Kaliban am Zügel hinter sich her.

Ein Stück hinter ihnen folgte das hölzerne Pferdchen. Es mußte gehörig aufpassen, daß seine Rädchen nicht zu laut klapperten. Wirklich kehrte sich der Graue Jakob ein paarmal um, es war ihm immer gewesen, er höre etwas Verdächtiges. Und jedesmal hielt auch Hü an und duckte sich in den dunkeln Schatten der Bäume und Sträucher, die den Weg säumten. Aber einmal hörte

Kaliban doch deutlich das Klappern der Rädchen und wieherte fröhlich:
«Willkommen, kleines Hü!»
Aber sofort stopfte ihm der Graue Jakob ein paar Rüben ins Maul und schimpfte:
«Das Gebrüll fehlte mir jetzt gerade noch! Es braucht gar nicht alle Welt zu merken, daß wir miteinander ausziehen.»
Hü stand mäuschenstill hinter einem Randstein. Was war doch Kaliban für ein Esel, wirklich ein Esel!
Langsam führte das Sträßlein vom Meer weg ins Land hinein. Und nach langem Marsch hörten sie auf einmal ein langgezogenes, klägliches Schreien, und Kaliban antwortete mit einem lauten «I-a».
Und nach einigen Augenblicken kamen sie zu einem Zelt, das am Waldrand aufgeschlagen war. Hinter dem Zelt standen die drei Esel des Grauen Jakob, die über den neuen Besuch gar nicht erfreut waren.
«Was? Jetzt sollen wir unser mageres Futter noch mit einem Vierten teilen?» murrten sie und schlugen mit ihren scharfen Hufen nach Kaliban. Aber der Graue Jakob machte kurzen Prozeß und ließ seinen Knüppel um ihre Beine tanzen.
Und er band Kaliban ein Stück weit weg an einen Pflock und fesselte zur größeren Sicherheit seine Vorderbeine zusammen. Kaliban konnte sich kaum mehr bewegen.
Der Graue Jakob schien nun zufrieden.
«Mein guter Freund wird morgen verwunderte Augen machen, wenn er einen Esel zu wenig hat», grinste er und kroch in sein Zelt, um zu schlafen.

Als alles mäuschenstill war, schlich Hü leise zu Kaliban hin. Es hatte zwar Kaliban nie besonders gern gehabt, denn er war furchtbar gefräßig und überdies noch faul. Aber es konnte dennoch nicht dulden, daß der gute Eseltreiber zu Schaden kam.

Und Kaliban selber hatte offenbar nicht einmal gemerkt, daß ihn der Graue Jakob stehlen wollte. Wenn man ihm ja nur etwas Gutes ins Maul steckte, dann war er glücklich und zufrieden.

Als nun Kaliban das Rößlein aus dem Walde herausschleichen sah, traute er seinen Augen kaum.

«Ist das möglich?» rief er. «Bist du immer hinter uns hergelaufen? Wenn ich das gewußt hätte, dann hätte ich vielleicht einmal eine Rübe oder einen Zucker für dich fallen lassen. Der Graue Jakob hat mir ganze Haufen davon gegeben.»

«Wirklich?» fragte Hü. «Ich fürchte, du wirst das Liedlein von dem Haufen Zucker bald verlernen. Das kann ich dir sicher sagen: Solange du noch beim Grauen Jakob bleibst, wirst du kein Stücklein Zucker und keine einzige Rübe mehr zu Gesicht bekommen. Das gibt's beim Grauen Jakob nur, bis er einen gefangen hat. – Und überhaupt, du bleibst ja gar nicht da; ich nehme dich jetzt gleich wieder mit heim!»

«Was mitheimnehmen?» begehrte Kaliban auf. «Ich bleibe, wo ich will. Und ich bleibe bei dem Meister, der mir am besten paßt.»

So stritten Kaliban und Hü lange Zeit, bis Hü endlich auf den Esel losging und kurzerhand den Strick vom Pflock losknüpfte.

«So, jetzt vorwärts! Aber rasch!» kommandierte es.

«Ich komme nicht!» trotzte Kaliban. «Ich bin nun diese Nacht schon genug

gelaufen. Deinetwegen mache ich sicher nicht nochmals den gleichen Weg. Wenn du zu dem alten Eseltreiber zurückgehen willst, so mach doch, daß du fortkommst. Ich bleibe beim Grauen Jakob!»
«Oho! Morgen schon wirst du anders reden», gab Hü zurück. «Es weiß doch jedermann, wie der Graue Jakob seine Esel behandelt. Nichts zu fressen bekommen sie und müssen in Regen und Kälte draußen stehen. Hast du das nicht selber gesehen? Und hast du nicht bemerkt, wie seinen Eseln die Rippen fast durch die Haut stoßen?»
«Das ist eben ein Unterschied», sagte Kaliban, «mit mir wird der Graue Jakob freundlich sein. Und mir wird er sicher immer gute Sachen zu essen geben.»
Da begann einer der Esel aufzubegehren:
«Jetzt hör doch endlich einmal mit deinem dummen Gebrumme auf, wir können ja nicht schlafen. Und wenn der Graue Jakob etwas hört, dann kommt er heraus und verhaut dir den Hintern, daß du nicht mehr stehen und nicht mehr hocken kannst.»
Bei diesen Worten fuhr Kaliban doch ein wenig der Schreck in die Beine, aber er wollte es nicht zeigen. Ganz laut sagte er:

«Ihr wißt scheint's gar nicht, mit wem ihr es zu tun habt. Der Graue Jakob ist mein Freund. Ihr werdet eure Prügel wohl verdient haben, aber mich wird er nicht anrühren.»

Da kam aus dem Zelt ein böses Knurren, und mit schläfrig blinzelnden Augen kroch der Graue Jakob heraus.

«Zum Donner und Doria noch einmal», brüllte er Kaliban an, «kannst du mich denn nicht schlafen lassen, du elender Nichtsnutz?»

Und er warf Kaliban mit aller Kraft den Knüppel an den Kopf.

«Wenn du jetzt mit deinem Gebrumm nicht aufhörst, so will ich es dir morgen gründlich austreiben», schimpfte er und kroch wieder in das Zelt.

Kaliban zitterte und rieb sich heulend den schmerzenden Kopf.

«Gut», sagte Hü, «ich gehe allein heim und lasse dich hier!»

Aber Kaliban war die Lust vergangen.

«O bitte, liebes Hü», bettelte er, «binde mich los und nimm mich mit heim zu unserem alten Meister.»

Und Hü versuchte, mit seinen Zähnen die Stricke loszumachen.

«Den Strick, den der Graue Jakob um deine Vorderbeine gebunden hat, bringe ich nicht auf», sagte es endlich schnaufend, «der Knoten ist viel zu fest.»

«Oh, ich will gern auch so davon hinken, wenn es nötig ist», stotterte Kaliban. «Wenn wir nur von diesem furchtbaren Ort wegkommen, bevor mich der Graue Jakob totschlägt.»

Und Hü spürte unter den Bäumen und Sträuchern den verborgensten Weg auf und zog Kaliban an dem Zügel hinter sich her. Alle paar Augenblicke blieben sie stehen und lauschten, ob niemand die geheime Flucht bemerkte. Aber man hörte nichts als das Schnarchen des Grauen Jakob und das Schnaufen der schlafenden Esel.

«Ich bin wirklich ein dummer Esel», sagte Kaliban, während er hinter Hü herhumpelte, «warum ließ ich mich auch aus meinem warmen Stall hinausführen! Ich werde wohl nie mehr heimkommen, ich falle bei jedem Schritt beinahe um.»

Sie waren noch nicht weit gegangen, da erhob sich plötzlich ein großer Lärm.

«Wo gehst du hin?» rief ein Esel.

«Wo ist der fremde Esel hingegangen?» schrie ein anderer. Und alle brüllten miteinander:

«Der fremde Esel ist ausgebrochen! Der fremde Esel ist davongelaufen!» Und schon stand der Graue Jakob vor dem Zelt, mit einem noch größeren Prügel in der Hand.

Hü zog den zitternden Kaliban in ein dichtes Gebüsch, und beide horchten angstvoll, wie der Graue Jakob einen der Esel sattelte und in immer weiteren Kreisen die ganze Umgebung absuchte.

«Den verdammten Esel werde ich zusammenschlagen», fluchte der Graue Jakob, «eine ganze Woche lang soll er nur noch Prügel bekommen und keinen Halm zum Fressen!»

Und auch die Esel schimpften: «Dem wollen wir es austreiben, uns die Nachtruhe zu stören.»

Kaliban zitterte immer mehr in seinem Versteck. Dreimal ritt der Graue Jakob so nahe an ihnen vorbei, daß sie meinten, jetzt sei alles verloren. Aber jedesmal gab er die Suche im dichten Gestrüpp wieder auf und galoppierte fluchend davon.

Erst als alles wieder längst ganz still war, wagten sich Hü und Kaliban hervor und machten sich auf den Heimweg, so schnell es gehen wollte. Denn Kaliban humpelte wegen der Fußfessel so langsam, daß die Sonne schon hoch am Himmel stand, als sie endlich todmüde an die Küste kamen.

Dem alten Eseltreiber rollten die Freudentränen über die Backen, als er Hü und Kaliban wieder hatte. Und seine Frau mußte heute ein ganz besonders gutes Essen kochen, denn der Eseltreiber hatte wirklich gemeint, die beiden seien ihm ein für allemal ausgebrochen oder gestohlen worden.

Der Graue Jakob aber bekam Angst, er könnte gepackt und eingesperrt werden. Er brach sein Zelt ab und zog mit seinen magern Eseln weit fort in ein fremdes Land, wo ihn kein Mensch mehr finden konnte.

Jetzt geht es über das wilde Meer

Tag um Tag verging, und es kam kein Schiff. Und Hü wurde immer trauriger. Es arbeitete zwar, was es konnte, und versuchte oft ein fröhliches Gesicht zu machen. Aber der Eseltreiber merkte bald, daß dem Rößlein etwas fehlte.
«Verlier nur den Mut nicht», sagte er, «früher oder später kommt sicher ein Schiff, und dann kannst du über das Meer zu deinem Meister zurückfahren. Und unterdessen denk daran, wie froh Onkel Peter um die vielen Taler sein wird, die du hier noch verdienen kannst!»
Unterdessen ging der Sommer zu Ende, und der Eseltreiber machte sich bereit, mit seiner Frau und den Eseln über den Winter weiter ins Land hineinzuziehen. Aber wenn bis dahin kein Schiff kam, was geschah dann mit dem hölzernen Rößlein?
Da sah Hü an einem Nachmittag etwas Eigenartiges. Am Ufer des Meeres stand ein Mann im Schwimmanzug. Seine Haut glänzte wie das Schuppenkleid eines Fisches. Und um diesen Mann herum stand eine Menge von Leuten, die ihm zujubelten, und alle wollten ihm die Hand drücken. Der Mann kühlte sich mit Wasser ab, machte einen prächtigen Kopfsprung und schwamm ins Meer hinaus.
Und drei Männer sprangen in ein Schiff und ruderten neben dem Schwimmer her. Sie ruderten und ruderten, bis man das Schiff in der Ferne nur noch als einen kleinen schwarzen Punkt sah. Die Leute am Ufer machten unterdessen einen Heidenlärm und schwenkten die Taschentücher.

«Das verstehe ich nun nicht», sagte Hü, «wie kann man so einen Lärm verführen, bloß weil ein Mann ins Meer hinausschwimmt!»

«Ja, weißt du», erklärte Kaliban, «das ist kein gewöhnlicher Schwimmer, wie man sie alle Tage hier sieht. Das war ein berühmter Meisterschwimmer, ich glaube sogar, ein Weltmeister. Und jetzt will er über das ganze Meer schwimmen. Darum glitzert er wie ein Fisch, weil er sich ganz mit Öl eingeschmiert hat, um die Kälte weniger zu spüren.

Und die drei Leute in dem Boot begleiten ihn bis über das Meer und geben ihm zu essen und zu trinken. Und wenn ein großer Fisch auftaucht, dann ziehen sie den Schwimmer schnell in das Schiff hinein.»

«Oh, ich armer, dummer Tropf», sagte Hü, «jetzt habe ich diese wunderbar Gelegenheit verpaßt. Sicher hätten mich die drei Männer gerne mitfahren lassen. Und dann wäre ich in ein paar Tagen bei Onkel Peter gewesen!»

An diesem Tage redete Hü kein Wort mehr, und die ganze Nacht lag es wach auf seinem Lager und überlegte hin und her.

Und am Morgen ging es zeitig zum Eseltreiber.

«Lieber Meister», sagte es zu ihm, «du weißt, ich warte schon lange auf ein Schiff, das mich über das Meer mitnimmt. Jetzt kann ich nicht mehr länger warten. Gestern habe ich einen Mann gesehen, der so weit ins Meer hinausgeschwommen ist, bis man ihn nicht mehr sehen konnte. Und er will sogar bis ans andere Ufer des Meeres schwimmen. Wenn der das kann, dann kann ich es auch! Morgen früh will ich es probieren!» Und am andern Morgen schmierte die Frau des Eseltreibers das Rößlein über und über mit ihrem besten Bratenfett ein, bis es glänzte wie ein geschmorter Schinken. Und als letzte Stärkung

bekam Hü noch eine gute heiße Suppe. Der Eseltreiber und die Esel standen trübselig daneben. Und dann ging der traurige Zug zum Ufer des Meeres hinunter: allen voran Hü, glänzend wie ein Silberfisch, hinter ihm die Esel mit hängenden Ohren, und zuhinterst der Eseltreiber und seine Frau, die mit dem Schürzenzipfel die Tränen trocknete.

Als sie am Strande angekommen waren, dankte Hü noch einmal für alles. Und dann sprang es ins Wasser und scdwamm mutig in das weite Meer hinaus.

Die Esel ließen ein trauriges «I-a» ertönen, die alte Frau schluchzte laut, und auch der Eseltreiber fuhr mit dem Schnupftuch an der Nase herum.

Als Hü sich nach einer Weile umdrehte, war es schon weit vom Ufer weg. Der Eseltreiber, seine Frau und die Esel waren wieder an die Arbeit gegangen. Vom andern Ufer sah es natürlich noch nichts, da war nichts als das Meer, grünlichblau, manchmal silberglänzend, unendlich groß.

Das Rößlein schwamm weiter und weiter. Die Luft war bald nicht mehr so kühl wie am Morgen. Es wurde langsam Mittag, und die Sonne brannte vom blauen Himmel herunter. Das Fett, das die Frau des Eseltreibers dem kleinen Hü angestrichen hatte, rann in dicken Tropfen über sein Gesicht herunter.

Aber dann verschwand die Sonne mehr und mehr in einem dichten Dunstschleier, der sich langsam auf das Meer herabsenkte.

«Was gibt es wohl da?» dachte Hü und begann noch schneller zu schwimmen. Auch das Meer wechselte die Farbe. Die hellen Lichter, die vorher auf den Wellen gefunkelt hatten, erloschen. Und das Wasser färbte sich gräulichschwarz und wurde unruhiger. Große Wellen hoben Hü hoch hinauf und ließen es wieder unheimlich tief untertauchen. Vom Land war keine Spur mehr

zu sehen. Große Wolken türmten sich am Himmel auf. Es war zum Erschrecken!
«Nun bin ich mitten in einen Sturm hineingeraten», dachte Hü und schaute ängstlich umher, ob es sich nicht irgendwohin retten könnte.
Da hörte es plötzlich ein Geräusch wie das Wiehern einer Herde junger Pferde. Das klang in dem Pfeifen des Windes und im Rauschen der Wellen wirklich sonderbar. Was konnte das wohl sein? Waren da etwa noch andere Pferdchen auf dem wilden Meere draußen? Das wäre ja prachtvoll, wenn es nicht so allein in dem Sturm umherschwimmen müßte!
Und so fing Hü auch an laut zu wiehern. Im nächsten Augenblick erschien auf dem Kamme eines Wellenberges eine Schar wunderschöner weißer Pferde. Hü hatte noch nie so märchenhaft schöne Geschöpfe gesehen. Ihre Mähnen und Schweife flatterten im Wind wie seidene Banner. Und wild schüttelten sie ihre Köpfe und ritten auf den Wellenbergen so leicht und sicher, daß sich Hü daneben ganz armselig vorkam.
Unaufhörlich umkreisten sie das kleine hölzerne Rößlein und wieherten dabei so sonderbar, daß Hü angst und bange wurde.
«Wer bist du, kleines Ding?» brüllte endlich eines der Pferde.
«O bitte», sagte Hü bescheiden, «ich heiße Hü und bin ein kleines hölzernes Pferdchen. Ich schwimme jetzt gerade heim zu meinem Meister. Vielleicht kennt ihr ihn, er heißt Onkel Peter und ist ein guter Spielzeugschnitzer.»
«Ein Pferd sei es, hat es gesagt?» schrie das weiße Roß und bäumte sich hoch auf. «Wir sind Pferde! Merk dir das! Wie kannst du es wagen, dich auch ein Pferd zu nennen? Siehst du etwa wie ein Pferd aus? Keine Spur! Und wer gab dir das Recht, in unserem Meer zu schwimmen?»

Hü antwortete ganz schüchtern:

«Onkel Peter, der mich geschnitzt und angemalt hat, sagte, ich sei ein hölzernes Pferdchen. Und so ein Pferdchen bin ich wohl. Ich habe doch zwei Ohren....»

«Angemalte hölzerne Ohren», höhnte das weiße Pferd.

«Und zwei Augen....», sagte Hü.

«Gemalte runde Glotzaugen!» lachten die Pferde.

«Und eine Mähne und einen Schwanz....», flüsterte Hü.

«Freilich, aus schwarzen Borsten!» spotteten die Geisterpferde und schüttelten ihre seidenglänzenden Mähnen. Hü wagte kein Wort mehr zu sagen. Ängstlich schaute es nach beiden Seiten, wohin es entfliehen könnte.

«Wie darf sich so ein Ding da ein Pferd nennen?» wieherten die weißen Pferde zornig. «Los, wir wollen es aus unserm Reich hinaustreiben! Dieses freche Ding muß aus unserem Meer verschwinden!» Und sie wieherten ihr Jagdgeschrei und schossen hinter Hü her.

Hü schwamm davon, so schnell es konnte. Von allen Seiten tauchten wieder andere weiße Pferde auf. Und alle jagten dem hölzernen Rößlein nach. Ihr lautes Wiehern und Schreien erfüllte die Luft und übertönte fast den Lärm des furchtbaren Sturmes.

Hü war schon sehr müde. Es war nun den ganzen Tag geschwommen. Seine Beine taten ihm weh. Aber es durfte keinen Augenblick ausruhen, sonst holten es die weißen Pferde sofort ein. Und wie es ihm dann ginge, daran dachte Hü lieber nicht!

Da sah Hü im Nebel einen dunkeln Schatten, der bald hinter einem Wellen-

berg verschwand, bald wieder zum Vorschein kam. Es war ein mächtiges Segelschiff, das gerade seinen Weg kreuzte. Und das Rößlein bekam bei dem Anblick wieder neuen Mut.

«Oh, wenn ich mich nur hinter diesem großen Schiff verbergen könnte», dachte es, «dann würden mich diese bösen Pferde nicht mehr finden.» Als die weißen Pferde das Schiff erblickten, schrien sie noch lauter. Und Hü spürte hinter seinem Rücken schon das Schnaufen seiner Verfolger.

Da geschah etwas Sonderbares: das Schiff stoppte, und flink wie ein kleiner Affe kletterte ein Matrose die Bordwand herunter. Hü nahm seine letzte Kraft zusammen. Und der Matrose konnte es gerade in dem Augenblick aus dem Wasser ziehen, als das wildeste der Geisterpferde mit seinem starken Gebiß das Rößlein packen wollte.

Der Matrose kletterte die Strickleiter hinauf zum Verdeck. Und unten wieherten und brüllten die weißen Pferde und schlugen mit den Hufen auf die Planken des Schiffes los.

Unterdessen drängten sich die Matrosen um den Mann, der Hü das Leben gerettet hatte.

«Hahaha!» lachten sie. «Ist das alles, was du im Wasser gesehen hast? Ein Kinderspielzeug! Schämst du dich nicht, wegen so etwas das ganze Schiff der Seeräuber anhalten zu lassen?»

Aber der Seeräuber Hans, so hieß Hüs Lebensretter, lächelte ein wenig übellaunig und stellte das Rößlein auf das Deck.

«Es ist jedenfalls ein prächtiges Spielzeug!» sagte er.

«Und was willst du damit anfangen?» hänselten ihn die andern Seeräuber.

«Willst du etwa selber damit spielen? Oder willst du es deinem Schätzchen heimbringen?»

Der Seeräuber Hans hatte es nicht sehr gern, wenn man ihn zum Narren hielt.

«Der Kuckuck soll das Rößlein holen!» rief er. «Soll es nehmen, wer will!» Aber keiner der Seeräuber wollte das hölzerne Rößlein haben. Da packte es Hans an einem Bein, stieg in seine Kajüte hinunter und sperrte es in seinen Koffer.

Zwei Tage und zwei Nächte tobte der furchtbare Sturm weiter. Und Hü lag die ganze Zeit in dem Koffer eingeschlossen. Und immer wilder wieherten im Meere draußen die weißen Geisterpferde.

«Das freche Ding da wollen wir haben, das sich ein hölzernes Pferdchen nennt!» schrien sie. «Vorher lassen wir euch keine Ruhe.» Aber die Seeräuber verstanden sie in dem tosenden Sturme nicht.

Nun war schon die dritte Sturmnacht. Da erschütterte mit einem Male ein furchtbarer Stoß das ganze Schiff. Die Balken krachten, die Masten stürzten, und eine Wasserflut rauschte durch alle Räume. Das Schiff war leck geworden. «In die Rettungsboote! In die Rettungsboote!» schrien die Seeräuber. Und sie konnten nicht einmal ihre Koffer aus den Kajüten holen, so schnell versank das Schiff in den haushohen Wellen.

Das Seeräuberschiff geht unter im Sturm
Hü schwimmt in einem Koffer und rettet den Seeräuber Hans

Es hätte nicht viel gefehlt, daß Hü mit dem Schiff bis auf den Grund des Meeres gesunken wäre.

Der furchtbare Stoß hatte den Koffer von einer Ecke in die andere geworfen. Bett und Stuhl flogen in der Kajüte herum und schlugen Fensterchen und Spiegel in Scherben. Hü wußte nicht mehr, ob es auf dem Kopf oder auf den Beinen stehe. Es wußte nur, daß es für das Schiff keine Rettung mehr gab.

«Seeräuber Hans, Seeräuber Hans! Zu Hilfe, zu Hilfe!» schrie Hü. Aber wie hätte Hans etwas hören können! Man verstand ja in dem ohrenbetäubenden Lärm nicht einmal sein eigenes Wort.

Da begann Hü mit dem Kopf gegen den Deckel zu stoßen und schlug mit seinen Rädchen auf die Wände des Koffers los. Aber Matrosenkoffer sind stärker gebaut, als das hölzerne Rößlein meinte.

«Dann probiere ich es mit den Zähnen», sagte Hü, «beim Pächter Michel habe ich ja auch ein großes Loch in die Stallwand nagen können.» Und es begann zu knabbern und zu nagen an dem harten Holz. Aber immer mehr Wasser rauschte in die Kajüte und drang schon durch die Spalten in den Koffer hinein.

«Es nützt doch alles nichts, ich muß mit dem Seeräuberschiff ertrinken», klagte Hü. Und wie in einem Traume sah es den alten Onkel Peter, der in dem Häuschen des alten Weibleins zum Fenster hinausschaute, ob denn sein kleines Rößchen noch nicht komme.

«Onkel Peter! Onkel Peter!» schrie Hü. Aber Onkel Peter konnte es noch viel weniger hören als der Seeräuber Hans.

Da vernahm das Rößlein von neuem ein Krachen und Bersten, und es spürte, daß der Koffer vom Wasser gepackt und ins offene Meer hinausgeworfen wurde. Eine riesige Welle hatte die Seitenwand des Schiffes eingeschlagen und aus den Kajüten alles herausgerissen, was nicht niet- und nagelfest war.

In einem großen Bogen flog auch der Koffer ins Meer hinaus und tanzte nun mit den Wellen auf und nieder.

«Juhu! Gerettet!» jubelte Hü, denn es merkte wohl, daß der Koffer glücklicherweise mit dem Deckel nach oben schwamm, sonst wäre er vielleicht jetzt noch ertrunken samt dem hölzernen Rößlein.

Wie erschrak aber Hü, als es plötzlich wieder die hohen Stimmen der Geisterpferde hörte:

«Habt ihr gehört, das freche Ding da hat wieder geschrien! Wo ist es? Vorwärts, wir müssen es finden! Wir wollen ihm nachjagen, bis es vor Müdigkeit ertrinken muß!»

Da wurde Hü wieder ganz still. Mit klopfendem Herzen stand es in dem dunkeln Koffer und guckte durch eine Spalte in die Nacht hinaus. Dort draußen war es fast so dunkel wie in dem Koffer drinnen. Nur zwei oder drei flackernde Lichter tauchten hie und da hinter den Wellenbergen auf: das waren die Sturmlaternen der Rettungsboote. «Sind alle in den Booten?» hörte Hü den Kapitän rufen.

«Es fehlt noch der Hans!» sagte eine rauhe Stimme. Und alle Seeräuber begannen zu rufen:

«Hans! Seeräuber Hans!»

Aber es kam keine Antwort, obwohl die Rettungsboote ein paarmal um das sinkende Schiff herumfuhren.

«Er ist wohl ertrunken», sagte einer, «es ist besser, wir rudern weg!»

«Was ist das dort?» rief ein anderer, «dort schwimmt ein Koffer!»

«Das ist der Koffer vom Seeräuber Hans!» antwortete die rauhe Stimme.

«Besser, wir lassen den Koffer mit dem armen Hans ersaufen.»

Und dann ruderten sie fort. Hü konnte nicht glauben, daß es jetzt ganz allein zurückgelassen werden sollte. Wie gern hätte es den Seeräubern gerufen, aber es hatte eine fürchterliche Angst vor den bösen Geisterpferden.

Die Stimmen der Seeräuber wurden immer schwächer und gingen allmählich unter im Brausen des Sturmes. Aber Hü war ja nicht allein. Schon hörte es wieder das Wiehern der weißen Pferde, welche über die umhertreibenden Balken sprangen und die Trümmer des Schiffes beschnüffelten.

«Wo ist das elende Ding, das sich ein Pferdchen nannte?» schrien sie. «Wir haben es doch vorhin gehört. Es muß irgendwo hier sein!»

Hü verhielt sich mäuschenstill.

«Wie gut, daß ich in dem Koffer versteckt bin!» dachte es. «Sonst hätten sie mich schon längst gefunden und totgeschlagen!» Es guckte wieder zu der Spalte hinaus und sah zu seiner Freude trotz der Dunkelheit, daß der Wind und die Wellen den Koffer immer weiter von der Unglücksstelle abtrieben. Kaum konnte es mehr das Wiehern der Geisterpferde hören.

Hü faßte frischen Mut.

«Vielleicht werde ich in ein paar Tagen samt dem Koffer an den Strand ge-

schwemmt. Und dort helfen mir sicher wieder gute Leute weiter, damit ich bald zu Onkel Peter komme. Wenn er wüßte, daß sein Rößlein, in einem Koffer eingesperrt, auf dem Meere umherschwimmt!»
Hü hatte natürlich nicht gesehen, daß ein großer Balken neben dem Koffer vom sinkenden Schiff weggetrieben worden war. Nun stieß ein Wellenwirbel den Balken und den Koffer – päng! – zusammen, und der Deckel sprang auf!
«Juhu! Endlich wieder frei!» jubelte Hü und war nicht traurig, als der Koffer unter seinen Füßen versank. Die Geisterpferde waren ja nun weit weg.
Über der stürmischen See dämmerte es allmählich. Und Hü bemerkte, daß sich die Wellen langsam legten.
Aber vom Land war weit und breit noch nichts zu sehen. Nur weit in der Ferne sah Hü einen weißen Fleck: dort tummelten sich die Geisterpferde bei den Trümmern des Schiffes und warteten, bis das hölzerne Rößlein zum Vorschein komme.
«Ihr könnt noch lange warten!» dachte Hü und begann rüstig weiterzuschwimmen.
Und unterdessen ging die strahlende Morgensonne auf. Da lachte Hü: «Ganz sicher werde ich heute abend die Küste erreichen.»
Als Hü etwa eine Stunde geschwommen war, sah es vor sich im Wasser etwas Dunkles, das aussah wie ein Mensch. Es schwamm hinzu und war ganz überrascht, als es in das schwarzbärtige Gesicht des Seeräubers Hans schaute!
Der Seeräuber Hans schwamm auf dem Rücken und hatte die Augen geschlossen. Sofort legte Hü das eine Ohr an die Brust des Seeräubers, um zu sehen, ob er ertrunken sei oder ob das Herz noch schlage.

Gott sei Dank! Hansens Herz schlug noch, aber so unsicher und stockend wie eine alte Uhr, die am Ablaufen ist.

«Da muß ich helfen», sagte Hü, «Hans hat mir ja auch das Leben gerettet, als mir die Geisterpferde nachjagten.»

Und es packte den Seeräuber mit den Zähnen am Kittel und schwamm mit ihm weiter.

Der Seeräuber war ein sehr schwerer Mann. Und je weiter Hü kam, um so sicherer wurde es, daß es mit einer solchen Last das Ufer nie erreichen werde. «Was macht mich denn eigentlich so schwer?» dachte Hü. «Ist das etwa das viele Geld, das ich in meinem Bauche mittrage?»

Wirklich, es war das Geld, das ihm so schwer machte. Und Hü warf einen großen Teil ins Wasser. Nur die Silberstücke und die Goldstücke behielt es noch. Nun ging es wieder besser. Und nach einer halben Meile öffnete Hans die Augen. Er war ganz überrascht, als er sah, daß das kleine hölzerne Rößlein bei ihm war und ihn am Kittel vorwärts schleppte.

«Ich glaube, jetzt kann ich wieder selber ein wenig schwimmen», sagte er nach einer Weile. Und Hü war froh genug, daß es die schwere Last los war. Aber schon bald schwamm Hans wieder zum Rößlein hin und bat: «Liebes Hü! Mir ist wieder ganz übel. Bitte, hilf mir wieder ein wenig!»

«Solang ich ein solches Gewicht in meinem Bauche habe, geht es nicht», sagte Hü und warf alles Geld ins Meer. Der Seeräuber sperrte die Augen auf, als er die Gold- und Silberstücke in der Tiefe verschwinden sah. Aber er sagte nichts, sondern nach und nach schloß er die Augen wieder. Er war ganz kraftlos und steif wie ein Mehlsack.

«Wenn er nur nicht stirbt!» dachte Hü und schwamm geduldig weiter.
Da sah es auf einmal in der Ferne einen grünen Streifen. Da war das Land! Hü konnte es kaum glauben, aber dann sah es richtige grüne Bäume auf einem Hügel. Waren sie wirklich schon auf der andern Seite des Meeres?
Mit aller Kraft schwamm Hü auf den Hügel zu und spürte kaum mehr, daß es den schweren Seeräuber mit sich schleppte. Und als die Sonne schon lange untergegangen war und der Mond sein Licht auf das Meer heruntersandte, fühlte unser Rößlein festen Boden unter den Füßen.
Da wieherte es vor Freude so laut, daß der Seeräuber erwachte und erstaunt die Augen aufschlug. Beide krochen auf den Strand und fielen gleich in den tiefsten Schlaf.
«Am Morgen will ich sofort den Weg zu Onkel Peter suchen!», das war noch Hüs letzter Gedanke.

Es gibt noch Schatzinseln auf der Welt, man muß es nur wissen

Als Hü am andern Morgen erwachte, wußte es zuerst gar nicht, wo es war. Ängstlich schaute es umher, ob nirgends die bösen weißen Geisterpferde seien. Aber alles war ruhig. Nur unten am Strand rauschten die Wellen. Da machte Hü vor Freude einen mächtigen Luftsprung. «Potztausend!» dachte es, «jetzt bin ich über das ganze Meer geschwommen. Und wenn ich auch alles Geld verloren habe, so bin ich doch wenigstens am Land und kann sofort zu Onkel Peter zurückkehren!» Hü war überglücklich, daß es seinen Meister bald wiedersehen konnte. Und es suchte sofort den Seeräuber Hans, um von ihm Abschied zu nehmen.

Hans hatte eben ein Feuer angezündet, um die Kleider zu trocknen. «Wohin willst denn du?» fragte er das Rößlein.

«Wie kannst du auch noch fragen? Heim zu Onkel Peter natürlich!» antwortete Hü fröhlich.

Da schaute es der Seeräuber Hans nachdenklich an und schüttelte den Kopf: «Das kann noch eine Weile dauern, bis du heimgehen kannst, mein liebes Rößlein. Oder willst du wirklich schon wieder weiterschwimmen? Weißt du nicht, daß wir noch nicht auf der andern Seite des Meeres sind, sondern auf einer kleinen Insel mitten im Ozean? Ich kenne die Gegend wohl. Ich war schon früher einmal hier.»

Als Hü das hörte, meinte es, sein Herz müsse stillstehen. Es wanderte mit dem Seeräuber Hans dem Ufer entlang rund um den Hügel. Und es sah selber, daß sie wirklich auf einer Insel waren. Ringsum war nichts als Wasser, und weit und breit war kein festes Land zu sehen.

«Du mußt nicht traurig sein», sagte Hans, als dem Rößlein die Tränen über die Backen liefen. «Vielleicht bist du einmal ganz zufrieden, daß wir auf dieser Insel gelandet sind. Ich will dich nämlich dafür belohnen, daß du mir das Leben gerettet hast. Komm mit mir!»

Hü konnte das Weinen nur mühsam unterdrücken. Und mit traurig herunterhängenden Ohren folgte es dem Seeräuber Hans. Über Stock und Stein stiegen sie einen felsigen Pfad hinauf, durch dichtes Gebüsch und hohes Gras. Der Seeräuber Hans mußte bald sein Matrosenmesser zu Hilfe nehmen, um auch für Hü einen Weg zu bahnen.

Endlich kamen sie aus dem Wald heraus. Und als sie beim Gipfel des Hügels anlangten, schlüpfte Hans in eine Spalte zwischen zwei Felsen. «Folge mir!» befahl er dem Rößlein.

Und Hü ging hinter dem Seeräuber her, immer tiefer in die Felsenspalte hinein. Endlich kamen sie zu einem Stein, der ihnen den Weg versperrte. Aber Hans stieß nur leicht daran, und sofort bewegte sich der Stein auf die Seite. Und Hans kroch durch das Loch und verschwand in einem stockdunkeln Gang, der in das Innere des Berges hineinführte. Flink schlüpfte Hü hintendrein und kam in eine riesige Höhle. Es rieb sich die Augen und zwinkerte, als ob es gar nicht glauben könne, was es da alles sah. Und eines übers anderemal rief es «Ah!» und «Oh!» vor Staunen und Entzücken.

Denn die ganze Höhle war voll von den größten Kostbarkeiten. Offen aufgeschichtet und in Kisten, Säcken und Körben lagen ganze Haufen von Gold

und Silber, Perlen und Edelsteinen. War das ein Glänzen und Glitzern von Goldstücken, Juwelen, Smaragden, Rubinen und Diamanten! Alles leuchtete und flimmerte in dem Halbdunkel und schien dem Rößlein zuzuwinken: «Nimm uns mit! Wir gehören dir!»
Aber Hü konnte sich vor Überraschung kaum bewegen. Da nickte der Seeräuber:
«Nur zu, kleines Rößlein! Du kannst nehmen, was dir am besten gefällt!»
Und er setzte sich auf eine der vielen Goldkisten und zündete sich seine Pfeife an. Und Hü zögerte nicht mehr lange, sondern begann sofort damit, seinen Bauch mit den Kostbarkeiten zu füllen. Es nahm hier ein Goldstück auf, da eine besonders schöne Perle, dort einen großen Diamanten, bis es zum Bersten voll war.

«Was wird Onkel Peter für Augen machen, wenn er diese Pracht sieht!» rief es. «Und wie sorgenlos können wir jetzt leben! Oh, wäre ich nur schon bei meinem Meister!»

Der Seeräuber lächelte freundlich:

«Pack nur ein, was du kannst! Du siehst ja, es bleibt für mich noch genug übrig. Eine solche Gelegenheit gibt es nicht so schnell wieder. Ein Glück, daß wir früh genug gekommen sind!»

«Weiß denn sonst noch jemand etwas von diesen Schätzen?» fragte Hü.

«Ach so, du weißt ja die ganze Geschichte noch nicht», antwortete Hans. «aber ich will dir alles erzählen:

Vor vielen Jahren diente ich zusammen mit dem Seeräuber Pickpack auf einem Schiffe. Da kamen wir eines Tages nach langer Fahrt an dieser Insel vorbei, und ich mußte hier mit Pickpack frisches Wasser und Holz holen. Weil wir genug Zeit hatten, stiegen wir bis zu dem Gipfel des Hügels hinauf und fanden die Felsenspalte.

Und so stießen wir auf diese Schatzkammer. Aber weil wir den andern Matrosen nichts verraten wollten, ließen wir den Schatz liegen und kehrten ohne ihn auf das Schiff zurück.

Und dann habe ich mit Pickpack plötzlich Streit bekommen. Und jeder von uns schwor, die Insel wieder aufzusuchen und die Schätze fortzuschleppen, bevor der andere dazu käme. Seither sah ich Pickpack nie mehr und kam auch nie auf die Schatzinsel.

Nur in der Nacht träumte ich oft, mein Feind sei auf der Insel und stehle mir den Schatz vor der Nase weg.

Und nun war es ein großer Glücksfall, daß unser Schiff gerade in der Nähe der kleinen Insel unterging. So konnte ich im Dunkel unbemerkt davonschwimmen. Aber meine Kraft reichte nicht aus. Und wenn du nicht gewesen wärest, mein liebes Hü, dann wäre ich rettungslos ertrunken.»

«Oh, das habe ich ganz gern gemacht», sagte Hü. Und der Seeräuber erzählte weiter.

«Letzte Nacht bin ich auf einmal aufgewacht und habe gesehen, daß ich auf der Schatzinsel sei. Da bin ich aufgesprungen und bin auf den Hügel gelaufen und habe schnell nachgeschaut, ob mir Pickpack zuvorgekommen sei: aber der Schatz war noch da! Und ich habe sofort einen Plan gemacht. Ich werde ein paar Bäume fällen und damit ein Boot bauen. Und aus dem übrigen Holz mache ich starke Kisten, in denen ich alle Kostbarkeiten sicher verpacken kann. Dann warten wir einen schönen Tag ab und rudern über das Meer.»

Hü war einverstanden. Es wollte mit allen Kräften mithelfen, daß das Schiff und die Kisten bald fertig würden. Es arbeitete mit dem Seeräuber Tag und Nacht. Hans fällte mit einem Steinbeil die Bäume, und Hü schleppte sie zum Strand hinunter. Es schlug mit seinen starken, eisenbeschlagenen Rädchen die Nägel ein und war seinem Freund besser behilflich, als es zehn Matrosen gewesen wären.

Nach wenigen Tagen lag am Strand ein schönes braunes Schiff samt einem Paar starker Ruder. Und bald lagen daneben auch zehn starke Kisten.

Und nun trug Hü einen Korb Gold und Edelsteine um den andern von der Höhle zum Strand hinunter. Und der Seeräuber Hans füllte alles sorgfältig in die zehn Kisten.

Zum letztenmal stiegen Hans und Hü zur leeren Höhle hinauf. Hans schob den Stein wieder vor den Eingang und schrieb darauf:
«Seeräuber Hans» und kratzte daneben als sein Zeichen einen Dolch ein. Und darunter schrieb auch Hü seinen Namen:
«Hü, das hölzerne Pferdchen vom Onkel Peter», und es machte daneben als sein Zeichen ein kleines Rädchen. Dann stiegen sie zum Meer hinunter, und Hans mußte nur noch die Kistendeckel machen und die Nägel, um die Kisten gut verschließen zu können. Es war nämlich prächtiges Wetter, und morgen wollten die beiden Abenteurer abfahren. Hü konnte vor Freude kaum einschlafen.
Aber am andern Morgen fanden sie im Boden des Schiffes ein großes Loch.
«Das ist schon ein verdammtes Pech!» schimpfte der Seeräuber. «Wahrscheinlich hat die Flut das Schiff auf einen Stein geworfen. Das gibt wieder eine Heidenarbeit, bis das Loch geflickt ist!» Er machte sich sofort an die Arbeit, und Hü half ihm wieder, so gut es konnte. Und dann wanderte es noch einmal rings um die Insel, um seinen Lieblingsplätzchen zum letztenmal Lebewohl zu sagen.
Als Hü zum andern Ende der Insel kam, sah es unter dem Ufergesträuch etwas hervorschimmern, das ihm doch sonderbar vorkam. Es lief hinzu und bog die Zweige auseinander: Da lag ein Boot!
Neugierig musterte Hü seinen Fund. Das Schiff war grün angestrichen und hatte auch grüne Ruder. Offenbar war es noch vor ganz kurzer Zeit gebraucht worden.
«Wem in aller Welt kann dieses Boot gehören?» dachte Hü und kehrte zu

Hans zurück. Es sagte ihm von seinem neuen Funde nichts, aber es wollte die ganze Nacht wach bleiben und genau aufpassen.
Wirklich machte es bis am Morgen kein Auge zu, sondern lauschte aufmerksam, ob sich nicht irgendwo etwas Verdächtiges bewegte.
Und es war nicht umsonst wach geblieben, denn kurz vor dem Morgengrauen hörte es schlürfende Schritte. Schnell stand es auf und lief zum Strand hinunter.
Hü traute seinen Augen kaum: der Seeräuber Hans – wie immer mit roter Mütze und blauem Kittel – trug eine Kiste nach der andern aus seinem neuen Boot heraus und lud sie in das grüne Schiff, das es gestern am andern Ende der Insel gesehen hatte.
«Was ist denn auch da los?» dachte Hü. «Was will denn Hans mit zwei Schiffen anfangen? Und wieso versteckte er das grüne und sagte mir nie etwas davon? Und warum trägt er jetzt alle Kisten weg, die wir so sorgfältig in unser Boot verpackt haben? Er ist sicher verrückt geworden!»

In diesem Augenblick drehte sich der Seeräuber um: es war gar nicht Hans, sondern ein wildfremder Mensch, den Hü noch nie gesehen hatte.

Schnell sprang Hü zum Seeräuber Hans zurück, der unter den Bäumen schnarchte.

«Hans! Hans!» rief Hü. «Wach auf, wach auf! Ein fremder Seeräuber ist da und stiehlt uns den ganzen Schatz!»

Und Hans sprang auf und war schon gerüstet, denn er schlief ja immer in den Kleidern, weil er kein Bett hatte. Er rannte mit Hü zum Strand hinunter, wo der Fremde gerade die letzte Kiste aus dem braunen Boote herausgehoben hatte und in seinen grünen Kahn tragen wollte.

«Pickpack!» rief der Seeräuber Hans laut.

Da drehte der Fremde erschreckt den Kopf, ließ die Kiste fallen und schrie: «Seeräuber Hans!»

Und dann fielen sie übereinander her wie zwei wilde Löwen. Hü hatte in seinem Leben noch nie einen so hitzigen Kampf gesehen. Aus ungefährlicher Entfernung schaute es zu, wie die beiden wütend aufeinander losschlugen, sich bissen und stießen und übereinanderher kugelten. Der Sand flog nach allen Seiten. Bald wälzten sie sich oben auf dem Strand, bald rollten sie weiter hinunter zum Meer. Und jeder versuchte, den andern in das tiefe Wasser zu drücken. Und die ganze Zeit brüllten sie einander an:

«Der Schatz gehört mir, hörst du! Ich war zuerst da!»

«Aber wir haben ihn miteinander gefunden!»

«Ich habe ihn für mich in Besitz genommen und in der Höhle mein Zeichen hinterlassen!»

«Das geht mich nichts an, der Schatz ist mein!»

«Dein? Keine Spur! Mir gehört er! Das laß dir gesagt sein!»

So stritten sie. Aber Hü dachte:

«Wenn zwei sich streiten, freut sich der Dritte!» und es nahm die Kisten aus Pickpacks grünem Kahn heraus und schleppte sie wieder in das eigene Schiff. Aber bei der sechsten Kiste hielt es inne – es war ihm ein guter Gedanke gekommen!

Unterdessen waren nämlich Hans und Pickpack todmüde geworden. Ihre Gesichter waren zerschlagen, die Kleider zerrissen, und sie bluteten aus der Nase. Und jeder hatte dem andern noch dazu einen Zahn herausgeschlagen.

«Wir wollen ein bißchen ausruhen», sagten sie, «aber nachher wird weitergekämpft!»

«Aber der Schatz gehört mir!» keuchte Seeräuber Hans.

«Nein, mir», schrie Pickpack.

Da rollte Hü zu den zwei Kämpfern hin und sagte freundlich: «Warum schlagt ihr euch denn eigentlich halbtot? Mir scheint es, der Schatz gehört beiden, weil doch beide fast miteinander auf die Insel gekommen sind. Hat denn nicht jeder genug mit fünf Kisten? Es wüßte ja keiner von euch beiden, was er mit allen zehn Kisten Gold und Edelsteinen anfangen wollte; oder nicht? Es soll doch jeder fünf Kisten nehmen und zufrieden sein. Wenn ihr euch totschlagt, dann hat gar keiner etwas davon!»

Hans und Pickpack lächelten sauer, aber sie mußten Hü recht geben, wenn sie sich auch gern noch einmal am Kragen genommen hätten. Und so zog jeder sein Boot ins Wasser.

Der Seeräuber Hans fuhr mit Hü und seinen fünf Kisten geradenwegs ins Meer hinaus.
«Übermorgen kommen wir wahrscheinlich an das feste Land», sagte Hans, «hoffentlich hält das gute Wetter so lang, sonst fressen uns am Ende noch die Geisterpferde samt unsern Goldkisten.»

Endlich sieht Hü die Heimat wieder. Aber wo ist der alte Onkel Peter?

Einen Tag und eine Nacht ruderte der Seeräuber Hans, bis sie zu dem Ufer kamen, von dem Hü schon so lange geträumt hatte. Die ganze Zeit war das Rößlein vorn am Bug gestanden und hatte unermüdlich Ausschau gehalten. Und nun freute es sich ganz besonders, denn sie waren ganz nahe bei dem Hafen gelandet, wo es vor so langer Zeit mit Jumbo seine Reise angefangen hatte.

«Jetzt müssen wir uns leider trennen», sagte Hans. «Ich wünsche dir noch eine gute Reise und laß mir den Onkel Peter grüßen. Hoffentlich sehen wir uns wieder einmal!»

Und auch Hü wünschte dem Seeräuber viel Glück und dankte ihm für alles. Dann begann es zu laufen, so gut es am Anfang wieder ging. Seine Beine waren nämlich auf der Meerfahrt wieder ganz steif geworden.

Diesmal wollte Hü den Hafen nicht mehr sehen, sonst kamen vielleicht wieder ein paar Matrosen und luden es noch einmal mit dem großen Kran in ein Schiff.

So wanderte es um den Hafen herum und kam zu dem Kanal, den es so gut kannte. Es hatte ja auf diesem Kanal vor vielen Monaten die «Marguerita» gezogen. War das ein heißes Rennen gewesen, als der böse Schwarze Michel hinter ihm her galoppierte und es beinahe einfing!

Da kam ja eben aus dem Hafen so ein großes Lastschiff! Vorn zog an dem langen Seil ein starkes, schwarzes Roß. Dieses Roß hatte Hü noch nie gesehen.

Aber das Schiff kam ihm ganz bekannt vor. Hü schaute genauer hin: wirklich, es war die «Marguerita»!

Da wartete das hölzerne Pferdchen, bis das Schiff näher kam. Und plötzlich rief einer der Matrosen:

«Schau dort! Das ist ja unser hölzernes Rößlein!»

Das schwarze Pferd mußte das Schiff ganz nahe an das Ufer hinziehen, und einen Augenblick später war Hü bei seinen alten Freunden von der «Marguerita.»

«Was hast denn du gemacht an jenem Tage?» fragten sie und streichelten das Rößlein. «Wir warteten den ganzen Abend auf dich und sogar den ganzen nächsten Tag. Aber du bliebst einfach verschwunden! Kein Mensch im ganzen Hafen konnte uns sagen, wo du warst.»

«Und wir hatten dir ja nicht einmal den ganzen Lohn bezahlt», fügte der Kapitän hinzu, und er zog seine große Geldtasche hervor.

«Laß das doch bleiben», sagte Hü, «ich bin jetzt reich genug.»

Aber die Matrosen bestanden darauf, daß Hü seinen Lohn annehme. Und so mußte es gehorchen. Dafür zog es eine goldene Halskette hervor und schenkte sie der Frau des Kapitäns.

«Jetzt will ich aber dem schwarzen Roß ein wenig ziehen helfen!» sagte Hü.

«Nein, das gibt es nicht», entgegneten die Matrosen, «du bist jetzt unser Gast. Erzähle uns lieber, was du in der langen Zeit alles erlebt hast. Unser Roß ist ja eines der stärksten auf dem ganzen Kanal. Es wird auf der längsten Fahrt kaum müde. Weißt du, wir haben es mit dem Gelde gekauft, das wir an jenem Tag mit dir verdienten.»

So blieb Hü bei den Matrosen und erzählte ihnen seine Erlebnisse, bis es aussteigen mußte, weil hier der Weg war, der zu Onkel Peter führte.
«Lebt alle recht wohl!» rief es den Matrosen vom Ufer aus noch einmal zu. «Und wenn Onkel Peter eine Ladung hölzerner Rößlein über das Meer schikken will, dann seid so gut und nehmt sie mit bis zum Hafen hinunter und verpackt sie gut auf einem starken Meerschiff, nicht wahr? Nicht daß sie auf dem Meer von den weißen Geisterpferden gefangen und totgeschlagen werden!»
Die Matrosen versprachen Hü alles und wünschten ihm noch einmal eine gute Reise.
«Was ist das für eine Freude, so reich zum guten Onkel Peter zurückzukehren!» dachte Hü. Und es wanderte die ganze Nacht, ohne ein einziges Mal auszuruhen. Und am Morgen kamen ihm die Wege schon ganz bekannt vor. «Potztausend», sagte es, «ich bin ja schon in der Nähe des Hofes vom Pächter Michel. Wirklich, da ist ja der Strauch, wo ich mich versteckte, als er mir nachjagte. Und dort ist sein Haus und der Stall, noch verlotterter als damals!»
Hü wurde vor Freude so übermütig, daß es zum Trotz den bösen Michel jetzt noch einmal sehen wollte. Es verließ die sichere Landstraße und rollte hinein in das Gut des Pächters Michel.
Die Enten im Teich waren die ersten, die das Rößlein sahen. Sie steckten den Kopf ins Wasser und winkten ihm mit den Füßen freundlich zu. Und Hü suchte alle Winkel auf, an die es sich am besten erinnerte. Da waren die schweren Heuwagen, die es damals ziehen mußte. Da war der holprige Weg, der auf die Felder hinausführte. Und hier stand der kleine Stall, wo es Nacht für Nacht eingesperrt worden war.

«Ich muß doch einmal schauen, ob man das Loch noch sieht, das ich damals herausknabberte», sagte Hü und schlüpfte in den Stall hinein. Aber kaum war es recht drin, da kamen schwere Schritte über den Hof.

Es war der Pächter Michel, der die Knechte an die Arbeit schickte. Da rissen die Enten im Teiche die Schnäbel auf und riefen:

«Quaak? Quaak! Was ist da los mit dem hölzernen Rößlein?»

Aber der Schwarze Michel verstand sie nicht und warf ihnen ein paar Steine nach. Da steckten sie die Köpfe ins Wasser und winkten höhnisch mit ihren Füßen. Und der schwarze Michel ging auf dem ganzen Hof umher, um nachzuschauen, ob keiner der Knechte auf der faulen Haut liege. Und als er bei dem kleinen Stall vorbeikam, knurrte er:

«Wirklich, das hölzerne Pferdchen war mehr wert als zehn Knechte. Wenn ich das noch einmal erwische, dann soll es mir nicht mehr entkommen! Das schwöre ich bei meinem schwarzen Barte!»

Da verkroch sich Hü zitternd in einem Haufen Stroh und wartete, bis der Michel wieder wegging. Und dann huschte es zum Stall hinaus und schlüpfte zwischen den Scheunen und Hühnerhäusern und Misthaufen hindurch, bis es fast bei der Landstraße oben war.

«Ich bin wirklich ein dummer Kerl gewesen, so mitten in die größte Gefahr hineinzurennen. Es ist gut, daß mich der Schwarze Michel nicht gesehen hat!»

So sagte Hü zu sich selber und wollte noch rasch das letzte Stück bis zur Landstraße hinauflaufen. Da stieß es auf wen? – auf den Schwarzen Michel!

Hü war starr vor Schrecken.

«Jetzt bin ich verloren!» dachte es. «Nun ist alles aus!» –

Aber wie groß war sein Erstaunen, als der Schwarze Michel vorbeischritt, als hätte er es gar nicht gesehen. Ja er stolperte beinahe über das Rößlein, ohne es zu beachten.
Erst als der Michel schon lange im Hause verschwunden war, wagte Hü wieder sich zu bewegen. Es konnte kaum glauben, daß alles so gut abgelaufen war. Vorsichtig schaute es nach allen Seiten, und dann sprang es wie ein gehetzter Hase auf die Landstraße und davon. Und hinter ihm her quakten die Enten: «Gute Reise, Hü! Laßt dich lieber nie mehr blicken hier! Das nächste Mal könnte es dir schlimmer gehen!»
Aber Hü hörte nichts mehr. Es rannte und rannte, was seine vier Rädchen hergaben. Und erst nach einem langen Lauf wagte es endlich sich umzuschauen. Weit und breit war kein Schwarzer Michel zu sehen. Und das Rößlein verschnaufte sich ein wenig.
Da sah es in der Nähe auf einem Felde ein paar Pferde an der Arbeit. Das waren ja die nämlichen Pferde, mit denen es vor ein paar Monaten beim Schwarzen Michel gearbeitet hatte! Auch sie erkannten das hölzerne Pferdchen wieder und kamen freudig hergesprungen.
«Guten Tag, Hü!» sagten sie, «woher kommst denn du?»
Und Hü erzählte ihnen alle seine Erlebnisse beim Schwarzen Michel und über dem Meer. Und zuletzt sagte es ihnen, wie es heute morgen Glück gehabt habe bei seinem gefährlichen Besuch in Michels Hof.
«Das ist kein Wunder, daß dich der Schwarze Michel nicht gesehen hat», meinten die Pferde. «Er ist nämlich vor lauter Ärger so kurzsichtig geworden, daß er über seine eigenen Beine stolpert, wenn er die Brille nicht anhat.»

Und sie wünschten Hü noch eine gute Heimreise und gingen wieder an die Arbeit.

Hü wanderte weiter und weiter, und am Abend war es schon in dem großen Wald. Es verkroch sich in einen warmen Laubhaufen und schlief die ganze Nacht.

Kaum hatten am andern Morgen die Vögel ihr Konzert wieder begonnen, da kroch auch Hü aus seinem warmen Nest und rieb sich die Augen aus. Und den ganzen Tag wanderte es weiter, obwohl es sehr müde war. Die ganze Zeit dachte es nur daran, wo es wohl Onkel Peter finden werde.

So wanderte es durch ein Städtchen und kam zu einem Hause, das es schon gut kannte: das war das Haus, wo das kleine Mädchen drin wohnte. «Es ist zwar recht dumm von mir», dachte Hü, «aber ich möchte doch fürs Leben gern noch einmal in das Spielhäuschen des kleinen Mädchens hineingucken! Ist

wohl noch alles so schön und sauber wie damals?» Und Hü stieß das Gartentor auf und rollte durch den Park. Alles war noch ganz gleich wie das letztemal. Im großen Hause war es mäuschenstill, und auch im Garten war kein Mensch zu sehen.
Das Rößlein ging zum Puppenhäuschen hin: die Türe stand halb offen. Und Hü steckte zuerst nur den Kopf hinein, es wollte schauen, ob das böse Schaukelpferd nicht in der Nähe sei.
Doch, das Schaukelpferd stand da in einer Ecke, aber es war heute ganz still. Und nicht umsonst, denn seine ganze Schönheit und Würde war dahin! Es hatte ein Bein verloren, und die Farbe war ihm überall abgeschlagen und abgekratzt. Da mußte Hü keine Angst mehr haben. Und auf einem Schemelchen saß das kleine Mädchen. Es flickte gerade ein zerrissenes Bilderbuch.
«Guten Tag», sagte Hü, «ich wollte dir wieder einmal ein Besüchlein machen.»
Da sprang da kleine Mädchen auf und fiel Hü mit hundert Küssen um den Hals. «Endlich kommst du wieder einmal!» rief es. «Warum bist du denn so lange fort gewesen? Wo warst du denn die ganze Zeit? Mir ist es unterdessen schrecklich langweilig gewesen. Und da hat Papa meine kleinen Vettern kommen lassen, und die haben mein Schaukelpferd und alles ganz kaputt gemacht!»
Und Hü mußte dem kleinen Mädchen erzählen, wo es überall gewesen war und was es alles gesehen hatte.
Und als Hü wieder fortgehen wollte, sagte das kleine Mädchen: «Bitte, sag dem guten Onkel Peter einen schönen Gruß von mir. Er solle ja nicht vergessen, für mich auch so ein kleines hölzernes Pferdchen zu machen.»
«Nein, nein! Wir vergessen dich sicher nicht!» rief Hü und rollte zum Garten-

tor hinaus und weiter und weiter durch den großen dunkeln Wald. Stunde um Stunde verging. Es wurde wieder Nacht. Aber Hü spürte keine Müdigkeit mehr. Es wanderte weiter und vergaß vor Freude sogar das Essen und das Schlafen.
Als am andern Tage die Sonne aufstand, war es schon ganz nahe beim Häuschen des alten Weibleins.
«Jetzt hat ihr Onkel Peter sicher schon von mir erzählt», dachte Hü, «und jetzt ist sie dann sicher freundlich mit mir.»
So dachte Hü. Aber es kam anders. Als es um die letzte Ecke des Waldweges bog, sah es anstatt des Häuschens einen Haufen Schutt und Asche. Und keine Spur von Onkel Peter, vom alten Weiblein, vom Kuhstall und von dem gepflegten Gärtlein. Da war nichts mehr als ein schwarzer Trümmerhaufen!

Liebes Hü –
jetzt wird alles gut, und wir freuen uns sehr

Nun verlor Hü allen Mut. Wie lange hatte es sich darauf gefreut, bis es dieses Häuschen wiedersehen könne, wo Onkel Peter bei dem Weiblein gewohnt hatte! Und nun war das Häuschen niedergebrannt!

Und wo war Onkel Peter selber? War er vielleicht auch verbrannt? Nein, daran durfte Hü gar nicht denken! Sicher irrte er irgendwo auf der weiten Welt herum und fror und hungerte.

So stand das Rößlein traurig da, bis es dunkelte. Da verkroch es sich unter die Trümmer des Häuschens und wartete, bis der Morgen kam. Als die Sonne aufging, wanderte Hü weiter durch den großen Wald. In jedem Dorf fragte es die Leute:

«Habt ihr nie einen alten armen Mann vorbeiziehen sehen?»

Aber die Leute schüttelten die Köpfe und sagten:

«Nein, so einer ist hier nie vorbeigegangen.»

Und Hü fragte weiter:

«Dann habt ihr vielleicht ein altes Weiblein mit einer kleinen braunen Kuh gesehen?»

Aber die Leute schüttelten wieder die Köpfe und sagten:

«Nein, auch das nicht. Es sind überhaupt schon lange keine Fremden mehr hier durchgezogen.»

Da ging Hü traurig weiter, bis es zum Ende des großen Waldes kam. Hier begann ein riesengroßes ebenes Land mit Städten und großen Kirchen und mächtig hohen Kaminen, die fast bis zum Himmel hinauflangten.

«Hier ist Onkel Peter sicher nicht», dachte Hü und ging in den Wald zurück, bis es wieder zu den Trümmern der alten Hütte kam.

Nun verlor Hü allen Mut. Es legte sich vor dem alten Gemäuer ins Gras und begann herzbrechend zu weinen.

«Es nützt alles nichts», schluchzte es. «Ich finde Onkel Peter nicht mehr. Es ist das beste, ich stehe gar nicht mehr auf – ich will hier sterben.... Was soll ich denn ohne meinen lieben Meister anfangen?»

Aber Hü starb nicht, es wollte noch einmal auf die Suche nach Onkel Peter gehen, dieses Mal in der andern Richtung. Und als es wieder auf die Straße kam, da traf es einen ganzen Haufen von Leuten, die alle das Sonntagsgewand anhatten. Und alle Kinder hatten Blumensträuße in der Hand.

«Da muß in der Kirche drüben eine Hochzeit sein!» dachte Hü. «Ich will einmal mitgehen. Vielleicht kann mir dort jemand sagen, wohin Onkel Peter und das alte Weiblein gezogen sind!»

Und es trottete hinter den Leuten her, bis es vor der Kirchtüre stand. Neugierig steckte es den Kopf durch die Türspalte. Und was sah es! Dort vorn standen als Hochzeitsleute Arm in Arm der Onkel Peter und das alte Weiblein! Hü hätte beinahe einen lauten Freudenschrei ausgestoßen. Aber es kam ihm noch zur rechten Zeit in den Sinn, daß man so etwas in einer Kirche nicht tun dürfe. Dafür galoppierte es vor Freude ein paarmal um die Kirche herum.

Und dann kam ihm ein lustiger Einfall. Es ging zum Kutscher hin und gab ihm aus seinem Schatz ein Goldstück.

«Spann dein Roß aus», sagte es zu ihm, «jetzt ziehe ich die Kutsche meines Meisters.»

Endlich ging die Kirchtüre auf, und das Hochzeitspaar kam mit langsamen Schritten heraus. Auf beiden Seiten winkten die Leute und standen so dicht um die Kutsche herum, daß Onkel Peter sein hölzernes Pferdchen nicht einmal bemerkte.

Als Onkel Peter und das alte Weiblein endlich alle Glückwünsche entgegengenommen hatten, stieg der Kutscher auf den Bock und knallte mit der Peitsche. Und Hü zog die Kutsche so übermütig, daß der Kutscher manchmal die Zügel anziehen mußte. Es freute sich riesig auf die Überraschung, die Onkel Peter noch erlebte, wenn er sah, wer die Kutsche so brav heimgezogen hatte!

Da hörte Hü die Stimme des alten Weibleins:

«Mein lieber Peter, was machst du denn für ein trauriges Gesicht an deinem Hochzeitstag?»

«Ach Gott», sagte Onkel Peter, «es hat doch jedes seine Sorgen, oder nicht?»

«Aha, ich weiß schon», antwortete die alte Frau, «du denkst an deinen kleinen Freund, das hölzerne Rößlein, das ich dummes Weib davongejagt habe. Du wirst wohl nie recht glücklich sein, bis du es wiedergefunden hast.»

«Ich werde es nicht mehr finden», sagte Onkel Peter traurig, «wenn es noch am Leben wäre, dann wäre es schon lange wieder zu mir gekommen!»

«Oh, wie freundlich und lieb würde ich jetzt mit Hü sein, wenn es nur wieder hier wäre!» klagte das Weiblein. «Ich kann es mir nicht verzeihen, daß ich so grob und roh mit ihm war. Was habe ich da Dummes angestellt!» Und sie fing an zu weinen.

Aber das sah Onkel Peter nicht gern. Er streichelte ihr über die weißen Haare und tröstete sie, so gut er konnte. Er erzählte ihr von dem neuen Häuschen, das er für sie gebaut hatte, nachdem das alte abgebrannt war. Und er sagte, wie schön sie es jetzt dann an dem neuen Ort haben werden. Aber die alte Frau seufzte: «Ach, du wirst doch nie recht glücklich sein ohne dein kleines Hü.» All das hörte das hölzerne Rößlein, und es konnte sich kaum mehr zurückhalten. Und als sie vor dem neuen Häuschen angekommen waren, riß sich Hü mit aller Kraft von der Kutsche los und eilte Onkel Peter in die Arme.

Du kannst dir die Freude der drei kaum vorstellen. Noch nie auf der ganzen Welt war ein so glückliches Hochzeitsfest gefeiert worden.

Und als alle guten Sachen gegessen waren, schüttete Hü den ganzen Schatz von Gold und Perlen und Edelsteinen auf den Tisch.

Onkel Peter und seine alte Frau machten Augen so groß wie die größten Goldstücke. Und zwei-, dreimal mußte das Rößlein seine Erlebnisse erzählen, bis ihm vor Müdigkeit die Augen zufielen. –

Welche Freude hatte Hü in das Häuslein der alten Leute gebracht! Schon am andern Morgen spazierten alle drei miteinander in das nächste Dorf und kauften alles, was sie brauchten: eine schöne Kuh, die jeden Tag zwei große Eimer Milch gab, und neuen Samen für den Acker und Kohlsetzlinge für den Garten, einen Bienenstock, zwei Geißlein und zwei herzige weiße Schäfchen, und zuletzt ein kleines Bettchen für Hü selber.

Und natürlich kaufte Onkel Peter auch neues Holz und frische Farben für die vielen hölzernen Rößlein, die er machen mußte: das erste für das kleine Mädchen, die andern für die zehn kleinen Prinzen und Prinzessinnen, für Robi und

das kleine Schwesterlein, für den Zirkusdirektor und für den Spielwarenhändler; und fünf besonders starke für die ungezogenen Kinder, die Hü so viele Beulen geschlagen hatten.
Und Onkel Peter machte noch viel mehr schöne Spielsachen. Aber er mußte sie jetzt nicht mehr verkaufen, er hatte ja Geld mehr als genug. Darum schenkte er alle den guten Kindern, besonders den armen, die keine Spielsachen kaufen konnten.
Und an den langen Winterabenden saßen der Onkel Peter und sein altes Weiblein und Hü immer in der warmen Küche beisammen. Onkel Peter schnitzte an seinen Rößlein und Kasperlefiguren. Die alte Frau strickte warme Socken

oder kochte am Feuer etwas besonders Gutes. Und das kleine Hü träumte und erzählte von seinen großen Erlebnissen.

Und wenn sie spät am Abend zu Bett gingen, dann sagten sie immer fröhlich: «Wir sind doch die glücklichsten Leute auf der ganzen Welt!»

Das Rößlein Hü
fährt wieder in die Welt

erzählt von Franz Caspar
illustriert von M. von Martiny

Onkel Peter schnitzt vierundzwanzig Pferdchen

Wahrhaftig, Onkel Peter und sein altes Weiblein waren die glücklichsten Leute auf der Welt. Und das Rößlein Hü war nicht weniger zufrieden. Onkel Peter war zwar schon recht alt geworden. Seine Haare waren weiß, und die Hände zitterten ihm bei der Arbeit. Aber noch immer saß er am liebsten in seiner Kammer und hantierte mit Säge, Messer und Pinsel. Weit und breit schnitzte niemand so schöne und starke Spielsachen wie er.
Bei schönem Sonnenschein aber ging Onkel Peter mit dem kleinen Hü spazieren durch Feld und Wald. Und wo er auftauchte, kamen die Kinder herbei-

gelaufen, gaben ihm die Hand und begleiteten ihn ein Stück auf seinem Wege. Das alte Weiblein besorgte Tag für Tag das Haus, kochte gute Sachen und hütete die Kuh, die am Morgen und am Abend gefüttert und gemolken werden mußte. Und das Rößlein Hü half und machte sich nützlich, wo es nur konnte. So vergingen der Sommer, der Herbst und ein langer, kalter Winter. Eines Abends kam Hü zu Onkel Peter und fragte:

«Darf ich nicht mit den neuen Rößlein schlafen gehen? Heute hast du ja das letzte Rößlein fertiggemacht!»

«Natürlich darfst du das, kleines Hü», antwortete Onkel Peter. «Wie werden sich die vierundzwanzig Pferdchen freuen, wenn du ihnen noch eine Geschichte erzählst!»

Und er trug Hü hinauf in die Arbeitskammer, wo die neuen Rößlein spielten. In langer Arbeit hatte Onkel Peter sie geschnitzt, hübsch bemalt und jedem auch einen richtigen Schwanz und eine Mähne eingesetzt.

«Wie fein, das Rößlein Hü kommt mit uns schlafen!» riefen die vierundzwanzig Pferdchen. «Es wird uns sicher eine schöne Geschichte erzählen.»

«Aber plaudert mir nicht zu lange – und dann schlaft alle recht gut», sagte Onkel Peter, machte die Türe zu und stapfte die Treppe hinunter.

Kaum war die Türe geschlossen, da stürzten sich die neuen Rößlein auf das kleine Hü.

«Erzählen ... erzählen ...!» riefen sie, und jedes wollte das andere wegstoßen und zuvorderst stehen.

«Geduld, Geduld», mahnte Hü. «Was seid ihr noch für ungezogene Rößlein! Alle wollt ihr eure Nase immer vorndran haben!»

Da senkten sie beschämt die Köpfe und stellten sich im Halbkreis auf.
«Bitte, nicht böse sein!» baten die Rößlein. «Bitte, erzählen! Onkel Peter hat so sonderbare Dinge gesagt, als er uns anmalte und die Rädchen annagelte. Er sagte, wir werden auf eine große Reise gehen, und dann werden wir ihn wohl nie wiedersehen. Wo sollen wir denn hingehen? Wir sind doch hier zu Hause und wollen bei dir und beim Onkel Peter bleiben.»
«Wie soll ich euch das erklären?» seufzte Hü. «Es ist wirklich so, wie Onkel Peter sagt. Wir müssen bald in die Welt hinaus. Sicher würde er euch alle am liebsten hier behalten. Aber das geht nicht. So viele Kinder warten schon, daß sie endlich ein hölzernes Pferdchen bekommen.»
«Nein, wir wollen nicht fortgehen!» riefen da die Rößlein. «Wir wollen hier bleiben und zusammen spielen.» Und allen standen die Tränen in den Augen.
«Aber seid doch vernünftig», bat Hü. «Ihr könnt doch nicht alle hierbleiben. Ich habe den Kindern ein hölzernes Rößlein versprochen, wißt ihr, als ich die große Reise machte, um für Onkel Peter Geld zu verdienen. Und auch jetzt braucht Onkel Peter wieder Geld. Immer kommen arme Leute zu ihm, und allen will er helfen.
Es gibt nichts anderes, wir müssen losziehen. Oder wollt ihr zusehen, wie Onkel Peter wieder hungern und frieren muß?»
Nein, das wollten die Rößlein gewiß nicht, aber mit der Reise waren sie noch gar nicht einverstanden.
«Da sind doch so viele andere Spielsachen», sagten sie. «Die kann Onkel Peter verkaufen ... die Puppen, die Kasperlefiguren und die hölzernen Schäfchen mit dem Wollpelz ...»

«Nein», antwortete Hü. «Das geht nicht. Die Kinder wollen ein hölzernes Pferdchen haben, genau wie ich eines bin. Das habe ich ihnen versprochen. Und wenn wir nicht bald zu ihnen kommen, dann werden sie sagen: ‚Pfui! Das Rößlein Hü ist ein garstiger Lügner. Es hat uns ein hölzernes Pferdchen versprochen, und jetzt hat es uns vergessen.' – Oder vielleicht denken sie, wir sind alle schon gestorben. Und dann sind sie traurig, und niemand soll unseretwegen traurig sein!»

Das verstanden die vierundzwanzig Rößlein ganz gut. Aber wie sah es wohl aus da draußen in der Welt? Sie kannten ja nur das Häuschen, wo Onkel Peter und das alte Weiblein wohnten, und den Stall, wo die Kuh drin schlief, und den Garten mit den Kohl- und Rübenbeeten und den großen Apfelbäumen. «Wir wissen doch gar nicht, wohin wir gehen sollen», sagten sie. «Wie können wir denn die Kinder finden, die mit uns spielen wollen?»

«Da braucht ihr keine Angst zu haben», tröstete sie Hü. «Meint ihr, der gute Onkel Peter schickt euch einfach so in die Welt hinaus? Nein! Ich werde selbst mit euch kommen. Dann reisen wir von einem Land zum andern, und eins von euch bleibt bei dem kleinen Mädchen im Puppenhaus, ein anderes bekommt der Robi und sein Schwesterlein in Kohlenheim, eines bleibt beim Zirkusdirektor, zehn Pferdchen wollen die Prinzen und Prinzessinnen. Und alle werdet ihr es gut haben und mit lieben Kindern spielen.»

Da spitzten die kleinen Hü-Rößlein die Ohren.

«Wohin komme ich? Bei wem soll ich denn bleiben? Mit wem werde ich spielen?» schrien sie durcheinander.

Hü klapperte mit seinen Rädchen.

«Macht doch nicht einen solchen Spektakel! Ihr weckt am Ende noch den Onkel Peter und das alte Weiblein auf», sagte es. «Wohin ein jedes kommt, das werden wir dann unterwegs schon sehen. Und wenn ihr so schreit, dann mag euch überhaupt niemand haben. –

Und jetzt will ich euch erzählen, wie es mir selbst ergangen ist auf meiner großen Reise. Dann seht ihr, wie man in der Fremde aufpassen muß und wie viele Gefahren auf ein kleines Holzpferdchen lauern.»

In der Kammer war es dunkel geworden. Nur der Mond schien zum Fenster hinein und beleuchtete die Versammlung der Pferdchen. Mäuschenstill standen sie da, und bis tief in die Nacht hinein erzählte Hü, was es in der Welt draußen bei guten und bösen Menschen alles erlebt hatte: wie es in die dunkle Nacht hinauslief, um für Onkel Peter Hilfe zu suchen; wie es beim Schwarzen Michel gefangen war und umsonst arbeiten mußte; wie es endlich mit dem Elefanten Jumbo über das Meer fuhr; wie übel es ihm im Bergwerk gegangen und wie lieb der kleine Robi und der Spielzeugmacher und die Prinzen und Prinzessinnen zu ihm gewesen waren. Auch vom bösen Schmiedesohn berichtete es und vom Zirkus, wo es mit Jumbo aufgetreten war, und vom guten und vom schlechten Eseltreiber, von den Geisterpferden auf dem Meer und endlich auch vom Seeräuber Hans, mit dem es die Schatzinsel gefunden hatte.

Die vierundzwanzig Pferdchen hörten Hü eifrig zu, und wo es ihm schlimm ergangen war, da rollten ihnen die Tränen herunter, und sie bekamen fast ein wenig Angst. Selbst die Puppen in der Spielzeugkiste reckten die Köpfe, um alles verstehen zu können; denn was das Rößlein Hü erzählte, bekam man nicht alle Tage zu hören.

«Was meint ihr nun?» fragte Hü. «Wollt ihr die große Reise wagen?»

«Hurra! Wir fahren mit Hü in die Welt hinaus!» riefen die Rößlein zur Antwort und sausten einen Ringelreihen um das Rößlein Hü herum.

Hinaus in die Welt

Für Onkel Peter waren es traurige Tage, die nun kamen. Jeden Morgen sagte er:

«Bleibt noch ein wenig bei mir. So eilig ist eure Reise nun wirklich nicht.»
Aber die neuen Pferdchen konnten den Augenblick nicht abwarten. bis sie mit Hü die Wanderschaft antreten durften.

Endlich wurde das Wetter wärmer. Die Sonne strahlte am Himmel vom Morgen bis zum Abend. Auf den Feldern und Wiesen blühten die Blumen. Und die Vögel zwitscherten und sangen auf den Bäumen, daß es eine Freude war.
Eines Morgens sagte Hü:
«Lieber Onkel Peter. Heute wollen wir aufbrechen. Je früher ich gehe, um so schneller bin ich wieder hier und kann dir die vielen Taler bringen, die ich für die Pferdchen bekommen werde.»
Die vierundzwanzig Rößlein stellten sich in einer Reihe auf. Onkel Peter war ganz traurig. Er streichelte sie alle, küßte sein kleines Hü, und die Tränen kugelten ihm über die faltigen Backen.
Nur den vierundzwanzig Pferdchen war fröhlich zumute. Sie wieherten noch einmal laut zum Abschied und rollten dann eins nach dem andern zum Hof hinaus und auf die Straße. Die Nachbarn kamen von allen Seiten herbei und winkten ihnen zu:
«Lebt alle recht wohl! Und kommt bald wieder einmal auf Besuch!»
Dann verschwanden die Rößlein hinter dem Waldsaum. Hü rollte voran. Es kannte den Weg und die Wälder, Felder, Berge und Bäche, die sie durchqueren mußten.
Überall blieben die Leute stehen und streckten die Hand nach den kleinen Pferdchen aus:
«Schau einmal dort, da kommt ja ein ganzer Zirkus von hölzernen Rößlein!» riefen sie.
Und die Kinder schrien: «Papa! Ich will so ein prächtiges Rößlein haben! Bitte, geh, hol mir eins!» Aber Hü ließ sich nicht überreden.

«Wir sind kein Zirkus», sagte es. «Wir sind die hölzernen Pferdchen des Onkel Peter. Wir fahren in die Welt hinaus. Und jedes meiner Rößchen hat schon einen Herrn. Ich habe sie versprochen, als ich letztesmal auf die Reise ging, um für Onkel Peter Geld zu verdienen.»
Da ließen die Leute die kleinen Pferde in Ruhe und wünschten ihnen gute Reise. Nur die Kinder schauten traurig hinter den prächtigen Rößlein drein. So rollten die Pferdchen weiter und weiter, und schon konnten sie die Berge nicht mehr sehen, die auf das Häuschen des Onkel Peter herunterschauten. Der Mittag verging, und am Abend spät kamen sie zur Stadt, wo das kleine Mädchen wohnte.
«Hier muß eines von euch bleiben», sagte Hü. «In dieser Stadt wohnt das Mädchen – wißt ihr, das mit dem Schaukelpferd, das mich totstampfen wollte.»
«Ich will gern hier bleiben», klagte eines der Pferdchen. «Die Reise ist noch so weit, und die Straßen sind so holperig. Ich bin jetzt schon todmüde.»
Und es ließ den Kopf hängen und verdrehte die Augen, als wollte es wirklich ohnmächtig hinfallen.
«Gut», tröstete es Hü, «du sollst hier beim kleinen Mädchen bleiben. Aber wir sind jetzt alle so staubig. Und es ist recht spät. Vielleicht ist das kleine Mädchen schon schlafen gegangen. – Wißt ihr was? Wir bleiben besser hier vor der Stadt draußen, waschen uns schön, und morgen gehen wir alle zusammen zu dem kleinen Mädchen.»
Die Pferdchen brauchten nicht lange zu suchen, und schon fanden sie eine Scheune, die voll Stroh lag. Da schliefen sie die ganze Nacht, ohne ein einziges Mal aufzuwachen. Denn sie waren alle recht müde von der Reise.

Am Morgen machten sie sich auf den Weg. Das Haus des kleinen Mädchens war leicht zu finden. Alles war wie früher.

«Ob wohl das kleine Mädchen noch hier wohnt?» fragte sich Hü und wollte in den großen Garten hineingehen. Aber kaum hatte es das Gartentor ein wenig aufgedrückt, da stürzte ein riesiger schwarzer Hund auf das kleine Hü und bellte so fürchterlich, daß das arme Rößlein vor Schreck stillstand und sich nicht mehr bewegen konnte.

«Sei doch ruhig», bat Hü. «Wie heißest du denn eigentlich?»

Aber der böse Hund verstand keinen Spaß.

«Hinaus! Hinaus!» bellte er, so laut er konnte, und fletschte die Zähne. Doch Hü machte keine Miene umzukehren. Es mußte doch dem kleinen Mädchen sein Pferdchen abgeben.

«Du frecher Sackerlot», bellte der schwarze Köter wütend und rollte schrecklich die Augen. «Ich will dir zeigen, wer hier Meister ist.»

Und er stürzte sich auf Hü, packte es und biß ihm mit seinen scharfen Zähnen beinahe den Hals durch.

Aber da hatte er nicht mit den vierundzwanzig kleinen Rößlein gerechnet, die am Gartentor standen. Wie der Blitz schossen sie herbei und packten den großen Hund von allen Seiten, und eines biß ihm kräftig in den Schwanz. Da ließ er das Rößlein Hü endlich los, winselte laut und verschwand hinter dem Haus.

«Was ist denn das für ein Lärm?» rief plötzlich eine helle Stimme aus dem Hause. «Benno, komm her!»

Benno hieß der garstige Köter, der das Rößlein Hü beinahe totgebissen hätte.

Ein Fensterladen ging auf, und heraus schaute das kleine Mädchen.

Ihr könnt euch vorstellen, was für Augen das Mädchen machte. Statt seines schwarzen Hundes sah es im Garten plötzlich eine ganze Schar von hölzernen Pferdchen.

«Juhuuuh!» jauchzte es. «Mein Hü ist wieder gekommen und hat alle seine Brüderchen mitgebracht.»

Schnell rannte es die Treppe hinunter und zur Tür hinaus. Aber zuerst konnte es gar nicht sehen, welches von all den Pferdchen sein Freund Hü war.

Da ging Hü auf das kleine Mädchen zu und sagte:

«Guten Morgen, liebes Mädchen! Erkennst du mich jetzt wieder? Es tut mir leid, daß ich dich so lange habe warten lassen. Aber ich konnte mich nicht von

Onkel Peter trennen. Weißt du, er hat das alte Weiblein geheiratet, gerade an dem Tage, als ich nach Hause kam.»

Aber das kleine Mädchen ließ Hü gar nicht ausreden. Es nahm das Rößlein auf den Arm und küßte es tausendmal.

«O weh, wie hat dich der böse Benno gebissen! Hat es dir sehr weh getan? Er wußte eben nicht, daß du mein Freund bist. Sicher meinte er, ihr seid Diebe, die hereinschleichen wollten; so ein dummer Hund!»

Aber dem Hü war schon wieder fröhlich zumute.

«Onkel Peter hat für dich ein Rößlein geschnitzt. Weißt du, welches hier bleiben wird?» fragte es.

Das war schwer zu erraten, denn für das kleine Mädchen sah ein Pferdchen aus wie das andere.

Da rollte eines der Rößlein vor das Mädchen hin und machte eine tiefe Verbeugung.

«Wenn es dir recht ist, dann möchte ich gern bei dir bleiben.»
«Fein!» antwortete das kleine Mädchen und streichelte das Pferdchen über Kopf und Rücken. «Wie heißest du denn?»
Aber die neuen Pferdchen hatten noch gar keine Namen.
«Warum willst du denn bei mir bleiben?» fragte das kleine Mädchen.
Da wurde das kleine Rößlein ganz rot und stotterte:
«Die Reise ist so weit und die Straße ist so holperig, und meine Beine sind schon so müde geworden.»
Da lachte das kleine Mädchen.
«Müdebein sollst du heißen, weil du nach einem Tage Marschieren schon so müde Beine bekommen hast.»
Und dann lud es Hü und alle Rößlein ein, ein paar Tage bei ihm zu bleiben. Aber Hü hatte es eilig. Es dankte dem kleinen Mädchen, mahnte das Rößlein Müdebein, es solle immer artig sein, und dann wollte es mit seinen Gefährten weiterziehen.
«Halt, halt!» rief da plötzlich das Mädchen. «Wir haben ja noch etwas vergessen!»
In aller Eile lief es ins Haus zurück und rief «Papa... Papa...» Und gleich darauf kam es wieder herunter und gab dem kleinen Hü ein niegelnagelneues Goldstück.
«Das ist von meinem Papa», sagte es. «Du sollst es dem guten Onkel Peter bringen, weil er mir ein so hübsches Pferdchen geschickt hat.»
Hü dankte dem kleinen Mädchen, wünschte ihm viel Glück und versprach, auf dem Rückweg wieder vorbeizukommen.

«Ja, aber sicher! Du mußt mich immer, immer wieder besuchen! Gute Reise, kleines Hü!»

So ging es noch am gleichen Morgen weiter in die große Welt hinaus.

«Wo gehen wir jetzt hin?» fragten die Pferdchen.

«Jetzt müssen wir über das Meer fahren», sagte Hü. «Am Hafen steigen wir in ein Schiff, und dann geht es hinaus auf das blaue Wasser. Ihr werdet sehen, wie lustig das ist.»

«Ich habe aber Angst», sagte eines der Pferdchen. «Auf dem Meere sind doch die bösen Geisterpferde. Und wenn ein Sturm kommt, dann werden wir allesamt ertrinken.»

«Wenn du Angst hast, dann bleib lieber hier!» warnte Hü. «Vielleicht will dich hier jemand kaufen.»

Aber das wollte das ängstliche Pferdchen auch nicht.

«Nein, liebes Hü», sagte es mit neuem Mut. «Ich mag nicht allein hier bleiben. Du wirst uns schon sicher über das große Meer führen.»

Hü kommt mit seinen Gefährten zum Hafen und fährt übers Meer

Doch der Weg zum Hafen war noch weit. Zwei Tage rollten die Rößlein durch dunkle Wälder und über weite Wiesen und Felder. Endlich kamen sie zum großen Kanal. Da fuhren die Lastkähne auf und ab, einer hinter dem andern. Hier hatte Hü auch einmal als Zugpferd gearbeitet und für Onkel Peter manchen guten Groschen verdient.
Aber jetzt wollte niemand seine Dienste haben. Und dem Hü war das recht. Je schneller es mit den Gefährten übers Meer fuhr, um so früher konnte es wieder zu Onkel Peter zurückkehren.
So dachte Hü und rollte mit seinen Rößlein dem großen Kanal entlang. Hie und da überholen sie ein Zugpferd. Und von manchem Schiff herunter grüßten die Matrosen:
«Hallo, kleines Hü! Bist du auch wieder im Lande? Wo hast du denn die vielen hübschen Pferdchen her? Und wohin soll die Reise gehen?»
Hü gab allen freundlich Antwort und wünschte ihnen gute Fahrt.
Endlich, am Abend des dritten Tages, sahen sie von weitem die hohen Ladekräne und die Kamine der Meerschiffe.
Noch eine kleine Anstrengung, und dann kamen sie zum Hafeneingang, wo die Wache mit Säbel und Gewehr vor dem großen Eisentore stand.
«Wo wollt ihr hin?» knurrte einer der Hafenwächter. «Zeigt euren Hafenpaß! Was seid ihr überhaupt für Vagabunden? Solche Strolche dürfen wir nicht in den Hafen hereinlassen.»

Aber Hü ließ sich nicht so leicht abfertigen.

«Mein lieber Herr Hauptmann», sagte es. «Wir sind die hölzernen Rößlein des Onkel Peter...»

«Ich kenne keinen Onkel Peter. Und jetzt marsch! Hinaus! Sonst lasse ich euch alle ins Kamin stecken und verbrennen!»

«Aber wir möchten doch nur schnell übers Meer fahren und tun niemandem etwas zuleid», wollte Hü einwenden.

Doch da wurde der Wachthauptmann ganz rot vor Zorn und schrie:

«Achtung, Wache! Packt diese frechen Kerle und werft sie ins Feuer! Solches Gesindel können wir hier nicht brauchen!»

Er zog seinen Säbel und ging auf Hü los. Aber Hü duckte sich rasch und rief:

«Schnell, schnell, Rößlein, lauft davon!»

Und bevor die Wachtsoldaten ihre Säbel ziehen oder eines der Rößlein packen konnten, waren sie den Kanal hinauf und verschwunden. So schnell liefen sie, daß sie eine große Staubwolke hinter sich zurückließen.

Erst als sie sich müde gerannt hatten, wagten sie wieder einmal rückwärts zu schauen. Gott sei Dank! Die Hafenwächter waren weit zurückgeblieben und wieder umgekehrt.

Aber wie nun in den Hafen hineinkommen? Die Pferdchen steckten die Köpfe zusammen und berieten, was da zu machen sei.

Während sie so beratschlagten, tauchte wieder ein Lastkahn auf. Hü traute seinen Augen kaum: es war die «Marguerita», das gleiche Schiff, das es einmal den ganzen Kanal hinuntergezogen hatte. Vorn am Bug stand ein Matrose und hielt Ausschau. Plötzlich rief er seine Kameraden:

«Seht dort die vielen hölzernen Pferdchen! Sicher ist auch das kleine Hü dabei!»

«Guten Abend!» rief Hü den Schiffsleuten zu. «Das habt ihr richtig geraten. Jawohl, das Hü ist auch wieder einmal auf Reisen.»

Der Kahn legte am Ufer an, und der Kapitän kam selber heraus.

«Wie ist es dir denn die ganze Zeit ergangen?» begrüßte er Hü. «Hast du Onkel Peter gesund und munter angetroffen?»

Hü erzählte ihm, wie es mit Onkel Peter und dem alten Weiblein glücklich gelebt hatte und nun eine neue Reise in die Welt antrat.

«Und was treibt ihr hier? Warum geht ihr nicht zum Hafen?» fragte der Kapitän.

Da klagte ihm Hü sein Leid:

«Die Wache läßt uns nicht hinein. Wir haben keinen Hafenpaß, und der Wachthauptmann will uns sogar ins Feuer werfen und verbrennen.»

«Da macht euch keine Sorgen», tröstete es der gute Kapitän. «Ich will euch schon in den Hafen bringen. Kommt nur alle in mein Schiff herein und versteckt euch unten im Holzraum. Sobald wir im Hafen sind, könnt ihr aussteigen, ohne daß euch die Wache sieht.»

Gesagt, getan. Hü stieg mit seinen Gefährten auf die «Marguerita», und alle verbargen sich unten im Laderaum. Sie bauten sich aus den Holzscheitern richtige Höhlen und versteckten sich darin; solche Angst hatten sie.

Dort, wo der Kanal in den Hafen einmündet, mußte der Kahn anhalten, denn da stand die Hafenwache.

«Was habt ihr an Bord?» hörte Hü den Wachthauptmann fragen.

«Nur Holz», antwortete der Kapitän. Schwere Schritte hallten über das Verdeck, und einer der Wachtsoldaten stieg in den Schiffsraum hinunter.

Die kleinen Rößlein erschraken zu Tode.

«Sicher werden sie jetzt das ganze Schiff durchsuchen. Dann sind wir verloren. Und den guten Kapitän stecken sie auch noch ins Gefängnis, weil er uns helfen wollte», dachte Hü. Und der Angstschweiß lief ihm in hellen Tropfen über das Gesicht.

Wirklich, der Wachtsoldat stapfte durch den ganzen Laderaum, wo die Pferdchen versteckt waren. Aber er schaute sich in dem Halbdunkel nur ein wenig um, brummte vor sich hin und stieg wieder auf das Verdeck hinauf.

So ging die Gefahr glücklich vorüber. Hü atmete erleichtert auf. Der Kahn löste sich vom Deich und fuhr samt den hölzernen Rößlein in den Hafen hinein. Bei einem Schuppen weit weg von der Hafenwache ließ der Kapitän die Rößlein aussteigen. Allen klapperten noch die Rädchen von der ausgestandenen Angst.

«Jetzt paßt aber schön auf, daß ihr der Wache nicht mehr in die Hände lauft. Sonst kann es euch schlecht gehen», mahnte der Kapitän. Und seine Bootsleute begannen das Holz auszuladen.

Nun waren die Rößlein im Hafen. Sie machten sich auf die Suche nach einem Schiff, das sie über das Meer mitnehmen konnte.

Drei große Dampfer lagen an der Hafenmole angebunden. Aus den Kaminen stiegen dicke, schwarze Rauchwolken. Einer der Dampfer tutete schon zur Abfahrt.

Hü hielt einen Matrosen an, der eben eine Kiste in die Luke des Dampfers trug.

«Willst du uns nicht mitnehmen übers Meer? Wir brauchen nicht viel Platz, und vielleicht können wir euch unterwegs sogar etwas helfen», sagte Hü. «Da müßt ihr den Kapitän fragen», antwortete der Matrose. «Aber ich glaube nicht, daß er euch mitnimmt. Habt ihr denn Geld, um die Fahrt zu bezahlen?» Hü schüttelte traurig den Kopf: «Nein, Geld können wir keins ausgeben. Wir wollen ja Geld verdienen für den alten Onkel Peter. Er kann nicht mehr auf die Reise gehen, um seine Spielsachen zu verkaufen.»
Da kam eben der Kapitän mit ein paar Offizieren. Hü trug ihm sein Anliegen vor. Aber der Kapitän war schlechter Laune.
«Dummes Zeug!» brummte er. «Wir haben Gescheiteres zu tun, als euch in der Welt herumzuführen. Macht, daß ihr fortkommt! Sonst hole ich die Hafenwache!»
Die Hafenwache! Hü erschrak schon bei dem bloßen Worte.
«O nein, Herr Kapitän. Wir wollen lieber weitergehen!» stotterte es und rollte mit seinen Gefährten fort, so schnell es konnte.
Die ganze Nacht standen die Rößlein in einem kalten Schuppen und konnten nicht schlafen. Bis zum Morgen berieten sie hin und her. Was sollten sie nur machen, um bald über das Meer zu kommen?
Noch war die Sonne nicht aufgegangen, da begann im Hafen ein mächtiger Lärm. Schwere Wagen fuhren ein und aus, Schleppkähne ließen ihre Sirenen ertönen, Dampfer tuteten, die Lastkräne und Ankerketten rasselten, daß man sein eigenes Wort nicht verstehen konnte.
«Bleibt alle hier», sagte Hü zu seinen Gefährten. «Ich will einmal gehen und schauen, ob ich ein Schiff finde.»

Hü rollte zur Landemauer, wo die großen Schiffe standen. Gut versteckt zwischen Kisten und Fässern schaute es hin und her.

Da kamen ein paar Männer vorbei. Sie sprachen sehr ernst miteinander. Hü spitzte die Ohren.

«Ja, das ist eine schlimme Geschichte», sagte einer der Männer. «Fast alle

Matrosen sind krank. Wie sollen wir da losfahren können? Weiß Gott, wann sie wieder gesund werden.»

So etwas brauchte man dem Rößlein Hü nicht zweimal zu sagen. Eilig rollte es aus seinem Versteck hervor und ging auf den Mann zu. Er hatte einen großen Schnurrbart, und auf dem Kopf trug er eine weiße Mütze mit dicken, goldenen Borten. Das war sicher der Kapitän eines großen Schiffes.

«Guten Morgen, Herr Kapitän!» rief Hü.

Der Kapitän blieb verwundert stehen.

«Guten Morgen», sagte er. «Was willst denn du von uns?»

«Oh, gar nichts will ich von dir», entgegnete Hü ganz keck. «Im Gegenteil, ich kann dir etwas anbieten.»

Der Kapitän staunte immer mehr.

«Was willst denn du mir anbieten?» fragte er. «Wir sind doch kein Kindergarten, wo man hölzerne Pferdchen zum Spielen braucht.»

«Gemach, gemach!» antwortete Hü. «Ich weiß, du kannst nicht übers Meer fahren, weil du zu wenig Matrosen hast. Wir sind hier vierundzwanzig flinke Pferdchen und können dir als Matrosen dienen, wenigstens für diese Reise. Und nachher werden deine Leute sicher wieder gesund sein.»

«Aber was versteht ihr denn vom Arbeiten?» lachte der Kapitän. Das kühne kleine Pferdchen gefiel ihm immer besser.

«Hör zu!» erklärte ihm Hü. «Ich habe schon mit den Bauern beim Ernten gearbeitet, ein Schiff den Kanal hinauf- und hinuntergezogen, im Zirkus gespielt, im Bergwerk Kohle geschleppt und beim König ein Pferderennen gewonnen. Warum soll ich nicht als Matrose taugen? Auch meine Gefährten hel-

fen gerne bei der Arbeit. Nimm uns mit. Dann ist dir aus der Not geholfen.»
«Potztausend!» sagte der Kapitän. «Mit hölzernen Pferdchen bin ich wahrhaftig noch nie übers Meer gefahren. Aber ich will einmal den Versuch machen. Wo sind denn deine Gefährten?»
Im Nu war Hü mit seinen Rößlein zur Stelle. Sie stiegen mit dem Kapitän auf das Schiff.
«Hier bringe ich die neuen Matrosen», sagte der Kapitän zum Steuermann. «Wir wollen einmal sehen, was die können.»
Der Steuermann runzelte die Stirne.
«Wehe, wenn ihr uns zum Narren haltet und nicht arbeitet. Dann habt ihr es mit mir zu tun!» warnte er die Rößlein.
Und dann ging es ans Verteilen der Arbeit. Viele Matrosen lagen mit hohem Fieber im Bett, und all ihre Arbeit mußten die kleinen Pferdchen machen. Eines fegte die Böden, und ein anderes wichste sie säuberlich ein. Eines mußte die Wände und die Geländer frisch anmalen, wo beim Laden die Farbe abgekratzt worden war. Wieder andere trugen dem Kapitän und den Offizieren das Essen auf.
Besonders schwer hatten es die Rößlein unten im Kohlenbunker. Da mußten sie die Kohle von einem großen Haufen zur Luke schaffen, damit die Heizer mit ihren Schaufeln leichtere Arbeit hatten.
Für das Rößlein Hü hatte der Kapitän aber eine ganz besondere Aufgabe. Zuoberst am höchsten Mast war der Beobachtungsposten. Der Matrose, der sonst immer dort oben saß, war auch krank und lag im Bett. Nun mußte das Rößlein Hü auf den Mast steigen und den ganzen Tag Ausschau halten.

Aber wie sollte es dort hinaufkommen? Es hatte doch keine Hände und Füße, um die Strickleiter hinaufzuturnen. Doch Hü wußte Rat.

«Holt den Wimpel herunter, der da oben an der Spitze des Mastes hängt. Dann könnt ihr mich an der gleichen Leine bis dort hinaufziehen», sagte es.

«Du bist ein Tausendsassa, was du alles für Einfälle hast», lachten die Matrosen. Und sie banden Hü an die Leine und zogen es hinauf bis zum Mastkorb. So fuhren sie auf das weite Meer hinaus. Und Hü saß den ganzen Tag oben in seinem Korb. Wenn es ein Schiff entdeckte, das von vorn auf sie zusteuerte, mußte es die Warnungsglocke einmal anschlagen. Kam ein Schiff von der rechten Seite, dann läutete es zweimal, und sah es eines auf der linken, dann schlug es dreimal an die Glocke.

«Das geht ja ganz famos», lobte der Kapitän. Und alle Matrosen und auch die Passagiere hatten die kleinen Rößlein gern. Denn keines jammerte bei der Arbeit, und alle machten immer ein frohes Gesicht.
So verging ein Tag nach dem andern. Am zehnten Tag schlug Hü ganz kräftig die Glocke: eins ... zwei ... drei ... vier ... fünfmal! Hü hatte Land gesehen, weit drüben, einen langen grünen Streifen.
Dreimal tutete der Dampfer, daß es einem fast das Gehör verschlug. Dann ging es nur noch ein paar Stunden, bis das Schiff in den Hafen einlief.
«Nun, was bin ich euch schuldig?» fragte der Kapitän. «Ihr habt eure Sache wirklich fein gemacht.»
«Nichts», antwortete Hü. «Wir sind doch so froh, daß du uns über das große Meer mitgenommen hast.»
Aber davon wollte der Kapitän nichts wissen. Er rief den Zahlmeister.
«Gib jedem Pferdchen einen Taler», sagte er. «Wer gut arbeitet, der soll auch seinen Lohn bekommen.»
Da widersprach Hü nicht länger. Doch die Pferdchen wollten den Taler nicht annehmen.
«Gib unsere Taler dem Rößlein Hü», sagten sie. «Es soll sie dem Onkel Peter nach Hause bringen.» Und Hü packte den ganzen Schatz in den hohlen Bauch.
So waren die Rößlein mit gutem Glück über das Meer gekommen. Sie wuschen sich noch auf dem Schiff und ließen sich da und dort ein wenig Farbe auftragen. Dann wanderten sie aus dem Hafen hinaus in die Stadt.
«Laßt mich einmal nachdenken», sagte Hü. «Wo müssen wir nun eigentlich zuerst hingehen?»

Da rollte am Ende der Straße ein Güterzug vorbei. Alle Wagen waren hoch mit Baumstämmen und Balken beladen.

«Natürlich!» rief Hü. «Das ist wohl der Zug nach Kohlenheim. Wir wollen sehen, daß wir mit der Eisenbahn nach Kohlenheim fahren können. Sonst müssen wir ein paar Wochen lang zu Fuß gehen.»

Aber wie konnten sie umsonst mit dem Zug fahren? Ein Pferdchen allein konnte sich wohl in einem Wagen verstecken. Aber vierundzwanzig solche Rößlein? Das war nicht so einfach!

Die Rößlein fahren nach Kohlenheim

Ja, so leicht war es wirklich nicht, mit einer Schar von Rößlein durch die Welt zu reisen. Es blieb nichts anderes übrig: Hü mußte den Bahnhofvorstand fragen, ob sie mit der Eisenbahn nach Kohlenheim fahren dürften. Aber die Fahrt zu bezahlen, das war ganz ausgeschlossen. Das kostete sicher zwei oder drei Taler für jedes Pferdchen.
So ging Hü zum Bahnhof. Da stand der Vorstand mit einer prächtigen roten Mütze und winkte eben mit der Kelle einem Zug, daß er abfahren dürfe.
Hü wartete geduldig, bis der Zug aus dem Bahnhof rollte und in einem Tunnel verschwand. Dann ging es mutig auf den Bahnhofvorstand zu und fragte:
«Wann fährt der nächste Zug nach Kohlenheim?»
«Oh, das kann noch lange dauern», antwortete der Mann.
«Dort drüben, die großen Haufen von Balken, die sollen alle in die Kohlenbergwerke. Aber wir haben zu wenig Leute, um die Balken einzuladen. Bis diese nicht aufgeladen sind, fährt kein Zug nach Kohlenheim.»
«Das trifft sich ja ausgezeichnet!» rief Hü fröhlich. «Wir sind vierundzwanzig starke Rößlein. Gib uns noch vier Männer, die mit uns auf- und abladen, und wir wollen die Balken vom Schuppen zum Güterzug schleppen. Das ist für uns kein Kunststück. Zum Lohn möchten wir nach Kohlenheim fahren.»
Der Bahnhofvorstand musterte die kleinen Pferdchen:
«Ihr wollt die Balken verladen? Die sind schwer und werden euch ganz verkratzen. Aber halt! Ich will jedem einen dicken Sack auf den Rücken binden.

Dann wird es wohl gehen!»

Und er ging zu einem Schuppen und brachte einen Stoß dicker Säcke. Jedem Pferdchen band er einen davon um den Leib.

Nun konnte die Arbeit beginnen. Zwei starke Männer luden den Rößlein die Balken auf den Rücken. Und immer zwei und zwei rollten damit hinüber zum Eisenbahnwagen. Dort warteten schon zwei andere Arbeiter, nahmen den Rößlein die schwere Last ab und luden sie auf den Wagen.

Das war ein gehöriges Stück Arbeit. Ein Wunder, daß die schweren Balken die kleinen Rößlein nicht erdrückten. Der riesige Haufen wollte kein Ende nehmen. Den ganzen Tag rollten die kleinen Pferdchen hin und her, und sie hatten erst die Hälfte eingeladen.

Todmüde gingen sie am Abend in den Bahnhof schlafen und jammerten:
«Wenn das noch einen Tag so weitergeht, dann sind wir alle tot. Unsere Rädchen wollen sich schon nicht mehr richtig umdrehen. Wir können nicht mehr weiter arbeiten!»
Aber Hü tröstete sie:
«Morgen lassen wir uns vom Vorstand die Rädchen ein wenig ölen. Dann geht alles wieder gut. Denkt doch an Onkel Peter! Wir müssen tapfer sein. Und dann fahren wir fröhlich nach Kohlenheim und besuchen den kleinen Robi, den Zirkusdirektor und den guten Elefanten Jumbo.»

Am Morgen schüttete der Bahnhofvorstand den Rößlein zuerst einen Tropfen Öl an jedes Rädchen. Denn die quietschten wirklich schon ganz bedenklich. Dann begann die Arbeit von neuem. Und als es Abend wurde, trug Hü mit seinen Gefährten den letzten Balken zum Güterwagen.
«Das habt ihr fein gemacht!» lobte der Bahnhofvorstand und band den Rößlein den Sack vom Rücken los. «Jetzt könnt ihr einsteigen und mit dem Zug so weit fahren, wie ihr wollt.»
Das ließen sich die kleinen Pferdchen nicht zweimal sagen. Sie stiegen auf den Wagen, wo die vielen Balken lagen, und machten es sich bequem.
Die Lokomotive pfiff dreimal, begann zu pusten und zu schnaufen, und der Bahnhofvorstand winkte mit der Kelle zur Abfahrt.
In sausendem Tempo ging es durch das Land, Tag und Nacht. Die kleinen Rößlein standen meist oben auf dem Haufen von Balken, denn von dort aus konnten sie alles am besten sehen: hohe Schneeberge und weite Täler, Dörfer mit spitzen Kirchtürmen und große blaue Seen mit vielen lustigen Schifflein drauf.

Noch wochenlang hätten die Rößlein so durch das Land fahren mögen. Aber nach zwei Tagen und zwei Nächten waren sie in Kohlenheim angekommen. Hier mußten sie aussteigen.

Hü kannte den Weg zu Robis Haus noch gut. Da war es ja lange zu Hause gewesen und hatte mit Robi und seinem kleinen Schwesterchen fröhlich gespielt. Es rollte mit seinen Rößlein durch die Straßen und Gassen, bis es vor dem Häuschen stand, wo Robi mit seinen Eltern gewohnt hatte.

Hü wieherte laut und klopfte an die Türe. Aber alles blieb still. Hü klopfte noch einmal und rief:

«Robi, mach auf! Ich bin es, das Rößlein Hü!»

Da ging die Türe auf, und ein fremder Mann kam heraus.

«Was ist denn das für ein Lärm?» schimpfte er. «Nicht einmal im eigenen Hause hat man mehr seine Ruhe!»

«Entschuldigen Sie bitte», sagte Hü zaghaft. «Ich wollte nur meinen kleinen Freund Robi besuchen. Ist er nicht hier?»

«Hier gibt es keinen Robi! – Oder sind das vielleicht die Leute, die früher hier wohnten? Die sind gestorben, und die Kinder konnten die Miete nicht bezahlen. Da hat man sie hinausgeworfen.» Als Hü das hörte, wurde es ganz traurig.

«Der arme Robi», klagte es. «Wo kann ich ihn wohl jetzt finden?»

Da bekam der fremde Mann Mitleid und sagte:

«Ich weiß, wo Robi hingezogen ist. Er wohnt mit seiner kleinen Schwester draußen vor dem Dorf. Ich will euch hinführen.»

So zogen die Rößlein hinter dem fremden Manne her, bis er vor einer elenden kleinen Hütte stehenblieb.

Hü guckte durch die Türspalte und sah Robi und sein Schwesterlein am Boden sitzen und Körbe flechten. Beide waren ganz blaß und mager. Und sie sahen aus, als hätten sie schon seit langer Zeit kein gutes Stück Brot mehr gegessen. Hü klopfte an die Türe und ging hinein.

«Mein armer, armer Robi. Was ist mit euch geschehen? Warum wohnt ihr in dieser elenden Hütte und macht so traurige Gesichter?» rief das Rößlein.

Da nahm Robi das kleine Hü in die Arme und küßte und herzte es:

«Endlich bist du wiedergekommen! Wie gut, daß du da bist. Kaum warst du weggezogen, da kam eine große Krankheit ins Dorf, und viele, viele Leute starben. Auch mein Papa und die Mama wurden plötzlich krank, und in ein paar Tagen waren sie tot.»

Und Robi begann zu schluchzen, daß er nicht mehr weiter erzählen konnte.

«Was geschah dann?» fragte Hü, auch ihm standen die Tränen in den Augen.

«Ich wollte im Bergwerk arbeiten», fuhr Robi fort. «Aber dort sagten sie, ich sei noch zu klein. Ich soll in ein paar Jahren wieder kommen, wenn ich groß bin. Da hatten wir kein Geld mehr, und man warf uns aus dem kleinen Haus heraus. Nun sitzen wir hier. Ein Nachbar schneidet uns Weidenruten, und daraus müssen wir Körbe flechten. Aber wir verdienen fast nichts und haben Hunger. Mein Schwesterlein ist ganz krank, weil es zu wenig zu essen hat.» Wirklich standen den beiden Kindern überall die Knochen heraus, so mager waren sie geworden.

«Das ist eine böse Geschichte!» sagte Hü. «Aber was meinst du, wenn wir zum Zirkus gehen und dort spielen? Dann können wir vielleicht einen Haufen Geld verdienen, und wir kaufen dir ein kleines Haus und einen Garten.»

Robi antwortete:

«Nein, du darfst nicht so lange von Onkel Peter wegbleiben. Du hast noch einen weiten Weg. Aber vielleicht weiß der Zirkusdirektor einen Rat. Wir haben Glück, der Zirkus ist eben in Kohlenheim. Aber ich konnte nicht in die Vorstellung gehen. Wir haben doch kein Geld dafür.»

«Was sagst du? Der Zirkus ist wieder in Kohlenheim? Derselbe Zirkus, wo ich mit Jumbo gespielt habe?» fragte Hü. «Dann ist ja alles gut. Sicher wird uns der gute Zirkusdirektor helfen. Auch für ihn habe ich ja ein hölzernes Rößlein mitgebracht. Da brauche ich ihn nicht weit zu suchen.»

Flugs machte Hü mit seinen Rößlein kehrt.

«Wartet nur auf mich, gleich sind wir wieder zurück», rief es Robi und seinem Schwesterlein zu, und schon rollte es mit den dreiundzwanzig Rößlein zur Türe hinaus.

Hü hilft dem kleinen Robi aus der Patsche

So zog Hü mit seinen Rößlein aus, um den Zirkusdirektor zu besuchen.
«Wo ist der Zirkus, der nach Kohlenheim gekommen ist?» fragte Hü auf der Straße einen Bergmann.
«Dort drüben, auf der andern Seite», antwortete er. Die Rößlein liefen zum andern Ende des Dorfes, und mit einemmal standen sie vor dem großen Zirkuszelt.
Hü schlüpfte hinein und sah den Zirkusdirektor, wie er eben mit einem mächtigen Löwen ein Kunststück einübte.
Hü wieherte laut, und der Zirkusdirektor schaute sich um.

«Wer hat denn schon wieder ein Pferd losgelassen?» rief er ärgerlich. «Ihr wißt doch, daß die Pferde in den Stall gehören, wenn ich den Löwen dressiere!»
Da rollte Hü zum Zirkusdirektor hin und sagte:
«Guten Abend, Herr Direktor! Warum so böse? Ich bin es nur, das Rößlein Hü. Kennst du mich denn nicht mehr?»
Dem Zirkusdirektor fielen vor Staunen beinahe die Augen aus dem Kopf.
«Was? Das Rößlein Hü ist wieder da?» rief er, und schnell sperrte er den mächtigen Löwen in den Käfig. «Großartig! Gleich heute abend mußt du wieder mitspielen. Immer haben die Leute nach dir gefragt. Sie wollten einfach das hölzerne Pferdchen wieder sehen, das über das hohe Seil tanzt. Wie fein, daß du hier bist!»
Aber mit dem Seiltanzen war Hü durchaus nicht einverstanden. Noch immer hatte es nicht vergessen, wie es beim erstenmal heruntergefallen war und das Bein gebrochen hatte.
«Nein, lieber Herr Direktor», sagte das Rößlein. «So lange kann ich nicht bei dir bleiben. Ich soll ja noch so weit herumreisen und all die Rößlein abgeben. Aber du mußt mir helfen!»
Da runzelte der Zirkusdirektor die Stirne.
«Was hast du denn für einen Kummer?» fragte er. Und er setzte sich auf einen Stuhl. So konnte er besser verstehen, was ihm das kleine Rößlein erzählen wollte.
«Weißt du», begann Hü. «Der kleine Robi, der mich damals zum Zirkus brachte, ist sehr übel dran. Seine Eltern sind gestorben, und er hungert mit seinem Schwesterlein. Kannst du ihm nicht helfen? Ich habe dir ein feines höl-

zernes Pferdchen mitgebracht von Onkel Peter. Das darfst du behalten und brauchst mir nichts zu bezahlen. Aber bitte, hilf dem armen kleinen Robi!»
Und Hü wieherte laut und ließ die kleinen Rößlein alle hereinkommen.
«Ei, potztausend», staunte der Zirkusdirektor. «Was seid ihr für prächtige Rößlein, eines schöner als das andere. Am liebsten würde ich euch alle bei mir behalten. Was würden wir miteinander für hübsche Kunststücke aufführen! Aber ich will auch mit dem einen Pferdchen zufrieden sein. Es soll ein tüchtiges Zirkuspferdchen werden und es gut bei mir haben.»
«Und der kleine Robi?» fragte Hü.
«Robi und sein Schwesterlein?» sagte der Zirkusdirektor. «Die kannst du ruhig zu mir bringen. Wo so viele Mäuler zu stopfen sind, da ist auch noch genug für zwei Kinder. Und vielleicht kann Robi sogar einmal Löwenbändiger werden, wenn er tüchtig ist und keine Angst hat vor den wilden Tieren.»
Kaum hatte der Zirkusdirektor das gesagt, da ertönte ein lauter Schrei und jämmerliches Wiehern, daß sich alle erschreckt umsahen. Und dem kleinen Hü blieb das Herz stillstehen. Der mächtige Löwe kauerte in seinem Käfig und hielt eines der hölzernen Pferdchen zwischen den scharfen Zähnen.
«Simba! Laß los!» schrie der Zirkusdirektor und knallte mit der Peitsche. Aber der Löwe schüttelte nur seine lange Mähne und rollte die Augen. Und dazu knurrte er, daß es schrecklich anzuhören war. Wenn nicht schnelle Hilfe kam, dann mußte er sicher das arme Rößlein im nächsten Augenblick mitten durchbeißen.
«Simba! Loslassen!» brüllte der Zirkusdirektor nochmals. Aber der Löwe tat, als hörte er nichts, und trabte in dem Käfig mit dem kleinen Rößlein im Maul.

Da rannte Hü zum Käfig und drängte sich zwischen zwei Stäben durch. Es hörte nicht die Rufe des Zirkusdirektors: «Zurück, zurück!» Es rollte geradewegs auf den Löwen zu. Ein Glück, daß ihm das wilde Tier den Rücken zudrehte. Hü packte zu, biß den Löwen in den Schwanz und ließ gar nicht mehr los.

«Au ... au ..!» brüllte der Löwe und ließ das kleine Rößlein fallen. Er wollte nach dem Hü schnappen, das an seinem Schwanze hing. Aber schon riß der Zirkusdirektor die Käfigtüre auf und schlüpfte hinein.

Da blieb der Löwe stehen. Vor der langen Peitsche hatte er große Angst. Ganz still legte er sich auf den Boden und streichelte das kleine Rößlein mit seiner mächtigen Pratze.

«Was sind das für Manieren?» schimpfte der Zirkusdirektor. «Siehst du denn nicht, daß das kleine Rößlein sind, die dir nichts Böses tun wollen?» Und er

nahm Hü und das andere Rößlein, gab dem Löwen mit der Peitsche einen kleinen Hieb hinter die Ohren und schloß den Käfig wieder ab.
«Was bist du für ein dummes Rößlein!» sagte er. «Um ein Haar hätte dich der Löwe totgebissen.»
Das kleine Pferdchen zitterte am ganzen Leibe.
«Ich wollte doch nur mit dem Löwen spielen, und so bin ich in den Käfig hineingeschlüpft», wimmerte es.
Auch Hü war erschrocken. Aber es war froh, daß alles so gut abgelaufen war.
«So, und jetzt geh' ich Robi und das Schwesterlein holen», sagte es. «Die warten sicher zu Hause und denken schon, wir haben sie vergessen und sind einfach weitergezogen.»
Es ging nicht lange, da kam Hü mit den zwei Kindern zurück. Wie glücklich waren sie, als sie die vielen Rößlein im Zirkus wiedersahen. Der Direktor ließ ihnen zuerst einmal etwas Gutes auftischen: eine kräftige Suppe, Gemüse und für jedes eine lange, dicke Wurst. Dann bekamen sie noch neue Kleider und Schuhe, und sie wußten gar nicht, wie sie dem Rößlein Hü und dem guten Zirkusdirektor danken sollten.
Aber Hü hatte noch ein Anliegen:
«Wo ist mein Freund Jumbo? Ich habe ihn noch gar nicht gesehen. Ist er krank, oder ist er am Ende auch gestorben?» fragte es den Zirkusdirektor.
«Nein», antwortete der. «Jumbo hatte so großes Heimweh. Da hat er Abschied genommen und ist zurückgelaufen, heim in den Urwald.»
«Ob ich Jumbo wohl je wiedersehen werde?» meinte Hü traurig. «Der Urwald ist wohl sehr weit weg, nicht wahr?»

«Ja, sehr weit weg», nickte der Zirkusdirektor. «Ich war nur einmal dort, als ich meine Löwen und Tiger holte und das große Krokodil. Aber du bist ein so tüchtiges kleines Rößlein. Wer weiß, ob du nicht doch eines Tages in den Urwald kommst. Und dann grüße den guten Jumbo von mir. Er soll wieder einmal zu uns kommen, sei es auch nur ein halbes Jahr.»

«Nein», sagte Hü. «Ich will nicht mehr so weit reisen. Ich möchte noch dem Spielzeughändler, den Prinzen und Prinzessinnen und dem reichen Herrn ihre Rößlein abliefern. Und dann will ich schnell nach Hause zu Onkel Peter.»

Es gab dem Zirkusdirektor das Rößlein, das ihm versprochen war, und eines bekamen Robi und sein Schwesterlein. Alle waren zufrieden, und Hü wollte sich mit seinen Pferdchen auf den Weg machen. Der Zirkusdirektor gab ihm noch zwei blanke Taler, einen für sein eigenes Rößlein und einen für das, welches Robi bekommen hatte.

«Leb wohl, Herr Direktor, und hab vielen Dank», sagte Hü. «Und leb wohl, lieber Robi!»

Robi und sein Schwesterlein weinten bitterlich, als Hü zum Zirkuszelt hinausrollte. Aber dann nahmen sie ihr hölzernes Pferdchen und begannen mit ihm zu spielen. Es war ein richtig drolliges Rößlein, beinahe wie das kleine Hü. Da trockneten ihre Tränen bald.

Hü aber trabte mit seinen Gefährten die breite Landstraße hinunter zur großen Stadt.

«Was uns wohl dort wieder für Überraschungen erwarten?» dachte Hü. «Aber bis jetzt ist noch alles gut herausgekommen, und es wird uns wohl auch weiter gut gehen!»

Hü gibt seine letzten Rößlein ab und macht sich auf den Heimweg

Schon am nächsten Morgen kamen die hölzernen Pferdchen zur großen Stadt, wo der König wohnte. Munter rollten sie durch die Straßen, und ihre Rädchen rasselten lustig auf dem holperigen Pflaster. Alles schien noch zu schlafen, denn in der Stadt stehen die Leute nicht so früh auf wie auf dem Land. Nur die Milchhändler gingen mit ihren Karren von Tür zu Tür, und die Bauern brachten mit dem Einspännerwagen Kohl, Kartoffeln, Bohnen und viele andere gute Sachen zum Markt.
«Es ist wohl noch zu früh, um zum König zu gehen», sagte Hü zu seinen Begleitern. Und so spazierten sie ein wenig in der Stadt herum, schauten sich die prächtigen Häuser und Gärten an, und bei einem mächtigen Springbrunnen wuschen sie sich fein säuberlich vom Kopf bis zum Schwanz.
Die Sonne stieg am Himmel auf, und die Rößlein trabten zum Königspalast. «Das ist schon sonderbar», sagte Hü. «An allen Fenstern sind die Vorhänge zugezogen.» Mit einer bösen Ahnung rollten die Rößlein zum großen Portal hinauf. Da stand ein Diener und fragte Hü nach seinem Begehr.
«Ich bin das Rößlein Hü und möchte gern dem König die zehn Pferdchen abliefern. Der Onkel Peter hat sie für die Prinzen und Prinzessinnen geschnitzt», sagte Hü.
«Natürlich, dich kenne ich ja», rief der Diener. «Du bist doch das Rößlein, das einmal das große Pferderennen gewonnen hat. Aber heute hast du kein Glück. Der König und die ganze Familie sind in ein fremdes Land gefahren, weit,

weit weg. Dort feiert die Cousine des Königs Hochzeit. Ich will dich zum Schatzmeister führen.»

Der Schatzmeister war ein seelenguter Mann. Aber er konnte den König auch nicht herbeizaubern.

«Weißt du was?» sagte er. «Laß mir die zehn Rößlein hier. Für jedes will ich dir einen goldenen Dukaten geben. Was werden die Prinzen und Prinzessinnen für eine Freude haben, wenn sie zurückkommen und die Pferdchen finden!»

Hü war etwas traurig, weil der König und die Königin und all die Prinzen und Prinzessinnen so weit weg waren. Nicht einmal Prinzessin Lenchen konnte es sehen. Das tat ihm besonders leid.

Aber daran war nichts zu ändern. Hü ließ die zehn Pferdchen dem Schatzmeister zurück, und er versprach gut für sie zu sorgen. Aus einer großen Eisentruhe holte er für Hü zehn blitzende Golddukaten.
Nun waren sie nur noch zwölf hölzerne Pferdchen. Sie rollten zur großen Stadt hinaus und kamen bald zum Städtchen, wo der Spielwarenhändler wohnte. Hü fand seinen Laden schnell. Da waren noch immer alle Gestelle und Schränke voll von prächtigen Puppen, Kreiseln, geschnitzten Tieren und vielen andern Spielsachen.
«Ich soll dich vom Onkel Peter schön grüßen», sagte Hü zum Spielwarenhändler. «Er läßt dir noch besonders danken für das Bein, das du mir damals so schön geflickt hast. Und hier bringe ich dir sechs hübsche hölzerne Pferdchen. Onkel Peter hat sie extra für dich geschnitzt.»
Der Spielwarenhändler war sehr glücklich. Er nahm die sechs Rößlein und sagte:
«Die will ich nur ganz artigen Kindern geben. Es wäre wirklich schade, wenn sie kaputt gemacht würden.»
So war also auch für diese Pferdchen gut gesorgt. Der Spielwarenhändler nahm die sechs versprochenen Taler aus der Ladenkasse und gab sie dem kleinen Hü.
«Und nun komm gut nach Hause», wünschte er ihm. «Und wenn Onkel Peter Lust hat, noch mehr Rößlein zu schnitzen, dann soll er sie mir nur schicken.»
So stand Hü wieder auf der Straße. Nun waren nur noch fünf Gefährten übriggeblieben. Das waren die Pferdchen, die Onkel Peter ganz besonders stark gemacht hatte. Denn sie sollten bei den ungezogenen Kindern des reichen Herrn bleiben.

«Arme Rößlein», dachte Hü. «Wie wird es euch wohl bei diesen Kindern ergehen? Wie haben sie mich umhergeworfen und an den Beinen gezerrt! Und der kleine Benjamin hat mir sogar den Kopf ausgerissen. Wenn es euch nur nicht noch schlimmer geht!»
So wanderten sie durch die Stadt. Und Hü wurde immer trübseliger.
«Ich hätte dem reichen Herrn keine Rößlein versprechen sollen», sagte es. Aber jetzt war guter Rat teuer.
Die Rößlein kamen zu einem großen Park. Auf einer Wiese spielten viele Kinder, und auf den Bänken ringsherum sonnten sich Männer und Frauen und auch ein paar Kindermädchen mit schneeweißen Hauben. Sie wiegten die kleinen Kinder in schmucken Kinderwagen und sangen ihnen lustige Lieder vor.
«Hier wollen wir ein wenig ausruhen», sagte Hü. Und die Rößlein gingen zu einer Bank, auf der ganz allein eine junge Frau saß. Sie hielt das Gesicht in den Händen verborgen und seufzte tief.
«Du hast wohl großen Kummer?» fragte Hü. «Kann ich dir nicht helfen?»
Die junge Frau seufzte noch einmal und schaute Hü traurig an.
«Ich bin Dienstmädchen gewesen», erzählte sie. «Nun ist meine Herrschaft gestorben, und ich habe keine Arbeit mehr. Ich bin in der ganzen Stadt herumgelaufen. Aber überall sagt man mir: Nein, wir brauchen niemanden. Wir haben keine Arbeit.»
Und die junge Frau begann zu weinen.
«Warum denn so schnell den Mut verlieren?» ermunterte Hü. «Vielleicht kann ich dir Arbeit verschaffen. Hör einmal zu. Ich soll diese fünf Rößlein einem

reichen Herrn bringen. Aber seine Kinder sind so ungezogen, und ich fürchte, sie werden die Rößlein schon am ersten Tag kaputt machen. Ich will dem Herrn sagen: Deine Kinder bekommen die Rößlein nur, wenn du ein gutes Kindermädchen anstellst. Sonst nehme ich sie wieder mit zu Onkel Peter.»
Die junge Frau war einverstanden. Aber sie hatte kein ganzes Kleid mehr, und auch die Schuhe waren voll Löcher. So konnte sie sich dem reichen Herrn nicht vorstellen.
Doch Hü wußte Abhilfe. Es ging mit der Frau in die Stadt zurück, kaufte ihr ein neues Kleid und neue Schuhe, und so gingen sie zusammen zum Hause des reichen Herrn.
Hü zog die Glocke. Und schon stürzten die fünf Kinder die Stiege hinunter und wollten sehen, wer da auf Besuch komme.
«Marsch, hinauf!» hörte man eine tiefe Stimme. Und der reiche Herr machte die Türe auf.
«So eine Überraschung!» rief er aus. «Endlich sind die kleinen Rößlein da! Jeden Tag haben mich die Kinder geplagt und gefragt, wann wohl ihre Rößlein kommen.»
«Noch gehören dir die Rößlein nicht», entgegnete Hü. «Du weißt, wie unartig deine Kinder sind. Ich gebe sie nur her, wenn du diese junge Frau als Kindermädchen anstellst. Sie soll aufpassen, daß den Pferdchen nichts Übles geschieht.»
Da wurde der reiche Herr zornig.
«Du willst mich wohl kommandieren, freches Rößlein!» rief er. «Hier bin ich Meister. Und ich will keine fremden Leute im Hause. Verstehst du?»

Und er knallte Hü die Türe vor der Nase zu.

Da stand es nun mit der guten Frau und seinen Rößlein. Und alle schauten sich bestürzt an.

Aber schon gingen im obern Stock die Fenster auf. Die Kinder streckten die Köpfe heraus und sahen das Hü und die andern fünf Rößlein auf der Straße stehen.

«Hurra, unser Hü ist wieder da!» schrien sie. Und sie stürmten das Treppenhaus hinunter. Aber sie zeigten sich ihrem Vater nicht, sondern schlichen zur Hintertür hinaus in den Garten und von dort auf die Straße.

Fast hätten sie das Hü wieder in Stücke gerissen. Aber da nahm die junge Frau die Kinder bei der Hand und sagte:

«So führen sich ordentliche Kinder nicht auf. Könnt ihr denn nicht anständig guten Tag sagen und ruhig spielen? Wenn ihr endlich lieb sein wollt, dann be-

kommt jedes von euch ein prächtiges Pferdchen. – Aber ich sehe schon, wenn hier Ordnung sein soll, dann muß ich auch bei euch bleiben. Sonst ist von den Rößlein bald nichts mehr übrig.»
«O ja, du sollst bei uns bleiben», riefen die Kinder. «Wir wollen alle ein hölzernes Pferdchen haben.»
Und sie liefen ins Haus zurück und suchten ihren Papa im Schreibzimmer auf. Aber es ging noch eine gute Weile, bis endlich der reiche Herr die Haustüre wieder aufmachte.
«Meine Kinder wollen euch nicht mehr fortlassen», sagte er. «So kommt eben herein. Und das Kindermädchen soll auch hier bleiben und auf die Kinder aufpassen.»
So waren alle zufrieden, und Hü wußte seine fünf Rößlein in guter Obhut. Es erhielt vom reichen Herrn die fünf Taler, bedankte sich und rollte wieder zum Hause hinaus.
Nun war Hü ganz allein. Alle vierundzwanzig Pferdchen waren gut untergekommen. Und Hü trug den Bauch voll von Silbermünzen und Golddukaten.
«Jetzt kann ich endlich wieder zu Onkel Peter zurückkehren», dachte das kleine Hü und schüttelte lustig seine Mähne.
Das war allerdings noch eine weite Reise! Onkel Peter wohnte ja mit dem alten Weiblein fern über dem Meer. Tag und Nacht mußte Hü über Land wandern bis zum Hafen, und auf der andern Seite war es auch noch so weit. Doch das kleine Rößlein war guten Mutes:
«Mag die Reise noch so lang sein: auf dem Heimweg laufen die Rädchen ja doppelt so schnell!»

Hü will nach Hause fahren und fällt in eine tiefe Grube

Tag und Nacht wanderte Hü über Berg und Tal. Es ließ es sich nicht verdrießen, wenn tagsüber die Sonne vom Himmel herunterbrannte. Und auch in der Nacht wollte es nicht ausruhen. Furchtlos trabte es durch die Dunkelheit. Manchmal verlor es zwar den Weg, denn es war Neumond, und die Nacht war rabenschwarz. Aber dann wartete es bis am Morgen und fragte einen Wanderer nach dem rechten Weg zum Meer.
Wieder einmal war es Nacht geworden, und unser Hü trottete durch einen tiefen Wald. Aber – o Schreck – plötzlich verlor es den Boden unter den Füßen. Es fiel vornüber und wußte gar nicht, was mit ihm geschah. Es fühlte nur, wie es in die Tiefe stürzte, und – klatsch – fiel es in den Schlamm. Und die Taler und Golddukaten wirbelten in seinem hölzernen Bauch. Hü erschrak zu Tode. Da war kein Zweifel möglich: es war in eine Grube gestürzt. Wie gut, daß es nicht auf den Kopf gefallen war, sonst wäre es im Schlamm elend erstickt.
«Hier kann ich nicht bleiben», sagte Hü und zitterte vor Schreck. Es wollte ein wenig hin und her rollen, um zu sehen, ob die Beine und Rädchen noch ganz geblieben waren. Aber auf allen Seiten stieß es an die nasse Wand. Nur von oben leuchteten durch ein kleines Loch ein paar Sterne. Das war alles, was Hü von der weiten Welt noch sehen konnte.
Da fing das Rößlein an bitterlich zu weinen. Es schrie und wieherte laut. Aber nur eine alte Eule kam und setzte sich an den Rand der Grube. Sie leuchtete mit ihren roten Augen in die Tiefe hinunter und krächzte:

«Au weh! Wer ist denn in das dunkle Krötenloch eingezogen? Wer da hineinfällt, dem hat das letzte Stündchen geschlagen!»

Da wurde Hü noch banger zumute. Und ganz verzweifelt wartete es den Morgen ab. Dann mußte doch endlich jemand vorbeikommen und ihm aus der Klemme helfen.

Die dunkle Nacht wollte und wollte nicht vorbeigehen. Aber endlich verblichen die Sterne, und der Morgen dämmerte. Hü begann wieder zu wiehern und zu schreien. Und schließlich regte sich etwas dort oben am Rande der Grube. Das war ein Fuchs. Er schaute neugierig herunter, ob es da wohl etwas zu fressen gäbe.

«Lieber Fuchs», rief Hü. «Bitte, hilf mir. Ich habe in der Nacht den Weg verloren und bin hier heruntergefallen.»

«Wer ist denn das da unten?» lachte der Fuchs. «O nein, hölzerne Pferdchen schmecken mir nicht. Ich bin hungrig und will mir einen Hasen oder ein junges Hühnchen schnappen.»

Und weg war der Fuchs.

Hü begann mit seinen Rädchen gegen die Wand des Schachtes zu hämmern, und Erde und Steine bröckelten herunter und begruben das Rößlein beinahe. Da sah Hü ein, daß es auf diese Weise nie aus dem Loche herauskommen würde. Denn wenn der Schacht zusammenfiel, dann konnte es nicht einmal mehr um Hilfe rufen und blieb für immer begraben.

So begann Hü wieder zu wiehern und zu rufen. Aber nur eine dicke, garstige Spinne kam und ließ sich an einem feinen Faden in den Schacht hinunter. Sie kümmerte sich nicht um die Not des kleinen Rößleins, sondern spann einen

Faden um den andern, bis sie ein großes Netz gewoben hatte. Da setzte sie sich mitten hinein und wartete reglos auf eine unvorsichtige Mücke oder eine Fliege. Aber nicht einmal Fliegen und Mücken wollten von dieser verlassenen Grube etwas wissen. Alles blieb ruhig, als wäre die Welt ringsherum ausgestorben.

Hü hatte schon einen steifen Nacken bekommen vor lauter Halsrecken, ob nicht endlich ein Retter komme. Da plötzlich hörte es ein fröhliches Piepsen und Pfeifen. Ein grauer Spatz hatte sich an den Rand des Schachtes gesetzt und pfiff sein Morgenliedchen.

«Lieber Spatz», flehte das Rößlein. «Bitte, bitte, hilf mir. Ich bin in der Nacht hier heruntergefallen und kann nicht mehr hinaussteigen. Wenn du mir nicht hilfst, dann muß ich elend zugrunde gehen. Und Onkel Peter und das alte Weiblein werden verhungern oder sich zu Tode grämen, wenn ich nicht mehr nach Hause komme.»

Der Spatz guckte verwundert in den tiefen Schacht hinunter.

«Wer ist denn das da unten, der so schreit? In solchen Löchern hausen doch nur Frösche und Kröten.»

«Nein», rief das hölzerne Pferdchen mit seiner letzten Kraft. «Ich bin das Rößlein Hü und will über das Meer fahren. In der dunkeln Nacht habe ich mich verirrt und bin da heruntergefallen. Bitte, hilf mir heraus!»

Ja, der Spatz hatte ein gutes Herz und hätte dem armen Rößlein gern geholfen, wenn er nur gewußt hätte, wie er das anstellen sollte.

«Warte hier und verliere den Mut nicht», tröstete er das gefangene Rößlein. «Ich will losfliegen und jemanden suchen, der dich herausziehen kann.»

Und der Spatz flog davon über Felder und Wiesen. Da traf er auf einem Felde einen Bauern. Der spannte eben sein Pferd an den Pflug. Der Spatz bat ihn, er möchte doch einen Augenblick kommen und das verunglückte Pferdchen aus dem Schacht ziehen. Aber der Bauer brummte nur verdrießlich: «Für solchen Unsinn habe ich keine Zeit.»

Da flog der Spatz weiter zu einem Bauernhof und sah ein paar Kinder, die auf der Wiese spielten. Aber auch sie wollten nichts wissen vom armen Hü. «Hätte es die Augen besser aufgemacht», sagten sie, «dann wäre es nicht in das Loch hinuntergefallen. Nun soll es eben selbst schauen, wie es herauskommt.»

Da flog der Spatz zum Rößlein Hü zurück und klagte traurig:

«Niemand will dir helfen. Was sollen wir nur machen? Ich selbst kann dich wirklich nicht heraufziehen.»

Kaum aber hatte der Spatz das gesagt, da hörte man von der nahen Landstraße plötzlich ein lautes Pferdegetrappel. Ein Reiter in prächtigem rotem Gewand galoppierte auf einem großen Schimmel vorbei und schaute eifrig nach rechts und nach links. Es war, als hätte er etwas verloren.

«Vielleicht hilft uns der Reiter», sagte der Spatz mit neuem Mut und flatterte hinter dem roten Reiter her.

Der Reiter schien es eilig zu haben. Er trieb seinen Schimmel mit Schnalzen an und gab ihm die Sporen. Der Spatz schlug die kleinen Flügel, so schnell er konnte. Aber es verging eine gute Weile, bis er den Reiter endlich eingeholt hatte. Er wollte sich ihm auf die Schulter setzen, um ihn um Hilfe zu bitten. Aber der Reiter schlug ungeduldig nach dem kleinen Spatz.

«Laß mich in Ruhe», schimpfte er. «Ich habe es eilig.»

Doch der Spatz ließ nicht locker. Er flog neben dem Reiter her und pfiff ihm in die Ohren:

«Halt ein! Halt ein! Ich muß dir etwas ganz Wichtiges sagen!»

Da verlor der Reiter die Geduld. Er nahm die Peitsche und holte gewaltig aus, um den unverschämten Spatz herunterzuschlagen.

Aber der Spatz hatte sich schon vorgesehen. Er flatterte schnell weg, und die Peitsche sauste dem Schimmel zwischen die Ohren. Der machte einen gewaltigen Satz zur Seite, und der Reiter flog im hohen Bogen auf die Straße.

Wie tot blieb der Reiter liegen. Da wurde dem Spatz angst und bange.

«Verzeih mir bitte, lieber Reiter», flehte er. «Ich wollte dir gewiß nichts Böses tun. Bitte, bitte, wach wieder auf.»

Es ging aber recht lange, bis der Reiter die Augen aufschlug. Endlich stand er mühsam auf und betastete seine schmerzenden Glieder.

«Was zum Kuckuck bist du mir immer um die Ohren geflogen?» schimpfte er den Spatz aus. «Siehst du denn nicht, daß ich ein Herold des Königs bin und keine Zeit habe für dumme Späße? Der König hat mich ausgeschickt, um das Rößlein Hü zu suchen, das auf dem Wege zum Meer ist. Und jetzt laß mich in Ruhe, ich muß weiterreiten!»

«Das Rößlein Hü, sagst du?» staunte der Spatz. «Da kannst du von Glück reden. Niemand außer mir weiß, wo das hölzerne Pferdchen steckt. Komm mit mir, ich will dir den Weg zeigen.»

Da richtete sich der Reiter auf, holte den Schimmel, der auf einer nahen Wiese stehengeblieben war, und schwang sich ächzend in den Sattel. Denn noch taten ihm alle Knochen weh.

Wie froh war der gute Spatz, daß er endlich einen Helfer gefunden hatte. Er setzte sich dem Herold auf die Schulter, und los ging es, den gleichen Weg zurück, den der Reiter dahergaloppiert war. Endlich kamen sie zu der Grube, wo das kleine Hü noch immer kläglich wieherte und jammerte.

Der rote Reiter stieg vom Schimmel, legte sich auf den Bauch und schaute in den tiefen Schacht hinunter.

«Welch ein Glück», rief er dem Rößlein zu. «Der König ist eben von seiner großen Reise zurückgekommen und hat gleich hundert Herolde ausgeschickt, um dich zu suchen. Er will dich nicht so über das Meer fahren lassen. Er möchte dich selber sehen und dir danken für die zehn Pferdchen, die du seinen Kindern gebracht hast. – Aber wie kann ich dich bloß hier herausziehen?»

In der Tat, der Schacht war so tief und eng, daß kein Mensch hinuntersteigen oder hinunterlangen konnte.

«Halt, ich hab's» rief der Herold plötzlich. Und schnell holte er Zügel und Seil seines Schimmels. Beides band er zusammen, und so zog er das arme Hü aus dem dunkeln Schacht heraus.
Wie glücklich atmete Hü auf, als es endlich wieder oben auf der Erde stand. «Hab vielen, vielen Dank», sagte es zum guten Spatz. «Ohne dich wäre ich sicher in dem dunkeln Loch elendiglich umgekommen. Und nun begleite mich zum König und zu den Prinzen und Prinzessinnen. Sie werden dich sicher gut belohnen».
Aber der Spatz lachte.
«Piep, piep», pfiff er fröhlich. «Ich fliege in Wald und Feld herum und brauche keine Taler und Dukaten. Aber wenn du wieder einmal in Not bist, dann wiehere nur laut, und ich will dir gern zu Hilfe kommen. Leb wohl, kleines Rößlein.»
Und er hob die kleinen Flügel und flog in den hellen Morgen hinaus. Hü aber setzte sich in Trab und rollte hinter dem Schimmel her. Wenn es müde wurde,

dann streckte ihm der Herold die lange Peitsche hin. Daran hielt Hü sich fest und ließ sich ein Stückchen ziehen. So ging es über Stock und Stein bis zur großen Stadt, wo der König und seine Kinder wohnten und auf ihr hölzernes Pferdchen warteten.

Hü soll im Flugzeug reisen

War das ein Fest im königlichen Palast! Kaum näherte sich der Herold dem großen Portal, da bliesen die Trompeter dem kleinen Hü einen Willkommgruß. Die zehn Prinzen und Prinzessinnen kamen vor den Palast gelaufen, allen voran das kleine Lenchen. Und alle waren begleitet von ihren hölzernen Rößlein.
Im Triumph ging es durch die langen Marmorgänge und durch die Vorsäle. Und dann zogen sie in den großen Kronsaal. Hü durfte sich zwischen dem König und der Königin auf den Thron setzen, und der Herold mußte genau berichten, wie er das Rößlein Hü gefunden und aus der tiefen Grube gezogen hatte.
«Das hast du gut gemacht», lobte der König. «Zum Lohn darfst du den großen Schimmel für dich behalten.»
Glücklich verbeugte sich der Herold und zog sich zurück. Und nun mußte Hü selber erzählen, was es auf der Heimfahrt erlebt hatte und wie es Onkel Peter ging. Da war so viel zu berichten, daß es an einem Tage gar nicht fertig wurde. Zwei, drei Tage lang erzählte es von all seinen Erlebnissen, und die ganze Königsfamilie vergaß vor lauter Zuhören beinahe das Essen und Schlafen.
«Ich sehe ein, du mußt zu Onkel Peter zurückkehren und ihm aus der Not helfen», sagte der König. «Aber ich möchte nicht, daß du noch einmal eine so schlimme Reise machst. Was meinst du dazu: ich habe ein prächtiges kleines

Flugzeug. Da setzt man sich hinein, und im Nu ist man über Berg und Tal. So fährst du schnell übers Meer zu Onkel Peter. Dann kommst du mit ihm und seinem alten Weiblein zu uns zurück. Ich will euch in meinem Park ein Häuschen bauen. Da könnt ihr sorglos leben, und wenn Onkel Peter will, kann er für die Kinder meiner guten Untertanen schöne Spielsachen schnitzen.»

Wie spitzte da das kleine Hü die Ohren! Im Flugzeug nach Hause fahren? – das war ja wunderbar! So brauchte es nicht wieder wochenlang durch Feld und Wald zu rollen. Da mußte es kein Schiff mehr suchen, um über das weite Meer zu fahren. Da gab es keine Gefahren mehr von tiefen Gruben, keine Geisterpferde und keine böse Hafenwache.

Aber Hü hatte noch ein Bedenken.

«Das ist sehr lieb von dir, daß du mir dein Flugzeug geben willst für meine Reise», sagte es zum König. «Aber ich bin doch nur ein armes hölzernes Pferdchen und weiß gar nicht, wie man ein Flugzeug steuern muß.»

Da lachte der König, daß ihm der Bauch wackelte.

«Nein, kleines Hü», sagte er. «Du brauchst nicht allein loszufahren. Ich gebe dir meinen Piloten mit, der sich auf all das versteht. Er wird dich zu Onkel Peter bringen. Wenn ihr übers Meer zum großen Hafen kommt, mußt du ihm nur zeigen, wo er durchfliegen soll. Und dann findet ihr sicher Onkel Peters Haus.»

Da zögerte Hü nicht mehr.

«Gewiß, lieber König», antwortete es schnell. «Ich will gern mit deinem Flugzeug nach Hause fahren. Und gewiß wird Onkel Peter sehr froh sein, wenn er mit seiner alten Frau zu dir und zu deinen Kindern kommen darf.

Wann kann ich denn wegfliegen?»

Hü brauchte nicht lange zu warten. Schon am nächsten Tag fuhren alle zehn Prinzen und Prinzessinnen mit dem hölzernen Rößlein vor die Stadt hinaus. Da stand auf einem weiten Feld das Flugzeug des Königs.

Hü traute seinen Augen kaum. Bis jetzt hatte es die Flugzeuge immer hoch oben in der Luft herumfliegen sehen. Nun durfte es zum erstenmal in seinem Leben einen solchen Riesenvogel aus der Nähe anschauen. Es konnte sich nicht satt sehen an den riesigen Flügeln und dem großen Propeller. Alles glitzerte und glänzte in der Sonne wie lauter Silber. Ein ums andere Mal rollte Hü um das Prachtsding herum und schnupperte sogar an den großen Rädern, als traute es der Sache nicht recht.

«Wenn du willst, können wir gleich wegfahren, es ist alles bereit», sagte der Pilot freundlich.

«Komm gut nach Hause und halte dich nicht zu lange auf. Wir warten auf dich jeden Tag. Und vergiß nicht, den Onkel Peter und das alte Weiblein mitzubringen», sagten die Prinzen und Prinzessinnen.

Hü wollte eben einsteigen, da kam noch die kleine Prinzessin Lenchen herbeigelaufen.

«Bring das dem Onkel Peter und sag ihm, wie sehr wir uns freuen, daß er zu uns kommen will», flüsterte sie Hü ins Ohr. Und sie steckte ihm in aller Eile einen großen Schokoladetaler in den Bauch.

Endlich saß Hü im Flugzeug, und auch der Pilot nahm auf seinem Sitze Platz. Munter begann der Motor zu brausen. Die Prinzen und Prinzessinnen winkten mit ihren weißen Taschentüchern. Dann fuhr das Flugzeug ab. Zuerst rollte es auf dem Boden dahin, immer schneller und schneller. Dann erhob es sich in mächtigen Kehren in die Luft. Hü sah noch, wie die zehn kleinen Pferdchen hinter dem Flugzeug herliefen, als wollten sie es einholen und auch mit nach Hause fahren.

Hü stand am Fenster und konnte kaum glauben, was es da unten alles sah. Die Prinzen und Prinzessinnen waren bald nur noch wie kleine Püppchen. Und die großen Häuser sahen aus wie die Bauklötze von Onkel Peters Baukasten.

Nicht lange ging es, da konnte Hü auch von der Stadt nichts mehr sehen. Höher und höher stieg das Flugzeug in die Luft, und weit, weit unten zogen Wälder, Wiesen und Felder vorbei. Dann und wann sah man einen Fluß oder einen großen Bach, der sich wie ein blaues Band durch das grüne Land schlängelte.

«Was es doch alles gibt auf dieser Welt», staunte Hü. «Was wird Onkel Peter für Augen machen, wenn auf einmal das Flugzeug über seinem Häuschen surrt und ich ihm so plötzlich hereingeschneit komme. Und wenn ich ihm erst sage, er könne mit dem alten Weiblein im Flugzeug zum König fahren und in seinem Park wohnen!» Hü konnte sich die Freude von Onkel Peter gar nicht ausden-

ken. Nun brauchte er sich das ganze Leben lang keine Sorgen mehr zu machen um Speis und Trank und um eine warme Stube.
So ging die Fahrt weiter und weiter.
«Am Abend sind wir wohl bei Onkel Peter?» fragte Hü. Der Pilot runzelte die Stirn, als traute er der Sache noch nicht so recht.
«Wenn alles gut geht, schaffen wir es vielleicht bis am Abend», meinte er.
«Ist etwas nicht in Ordnung?» fragte Hü besorgt. Der Pilot zeigte geradeaus in die Ferne. Dort stiegen dicke schwarze Wolken auf, und grelle Blitze zuckten vom Himmel zur Erde hinunter.
«Kehren wir lieber um!» bat Hü den Piloten. «Ich habe solche Angst vor dem Blitz und vor dem Donner.»
«Das nützt jetzt nichts mehr», war die Antwort des Piloten. «Hinter uns fängt der Sturm auch schon an. Nun heißt es mutig sein und durchhalten.»
Wirklich ging es nicht lange, da schaukelte das Flugzeug schon mitten im größten Unwetter. Auf allen Seiten sah Hü nichts als graue und schwarze Wolken. Und der Wind pfiff und heulte und riß das Flugzeug hin und her, als ob es ein kleiner Papierdrachen wäre. Immer dunkler und dunkler wurde es. Nur dann und wann zuckte ein gewaltiger Blitz. Es wurde Nacht, und der Sturm hörte noch immer nicht auf.
Das Gesicht des Piloten wurde ganz ernst. Das war nicht zum Verwundern, denn er wußte nicht mehr, wo sie herumflogen in der dunkeln Nacht. Sie waren wohl schon längst über dem Meer, und wenn sie jetzt herunterstürzten, dann mußten sie elend ertrinken.
Der Sturm wurde immer ungebärdiger. Dem kleinen Hü wurde ganz übel.

Es konnte sich kaum mehr festhalten und fiel von einer Seite auf die andere. Endlich blieb es unter einem Sessel liegen.

«Das überstehen wir nicht», dachte Hü. «Besser wäre es, wir könnten gleich sterben.»

Ihm war so elend, und vor lauter Übelkeit schlief es endlich ein.

Als Hü erwachte, war es Morgen geworden. Der Sturm war vorbei, und die Sonne schien durch das Fenster des Flugzeuges. Hü stand auf und schaute hinaus.

«Jetzt müssen wir doch endlich im Lande angekommen sein, wo Onkel Peter wohnt», sagte es. Aber was es da unten sah, war ihm alles ganz unbekannt. Da lag nur ein riesiger, wilder Wald. Ein Baum stand dicht neben dem andern, und nicht die kleinste Wiese und nicht das kleinste offene Feld war zu sehen, wo das Flugzeug hätte landen können.

«Wo sind wir?» fragte Hü verzweifelt, «das ist doch nicht das Land, wo Onkel Peter wohnt.»

«Ich weiß auch nicht, wohin uns der böse Sturm verschlagen hat», antwortete der Pilot. «Wir können von Glück reden, wenn wir uns je wieder zurechtfinden. Das beste ist wohl, wir kehren um.»

Die Sonne stieg höher und höher, und in dem Flugzeug wurde es immer heißer. Dem kleinen Rößlein liefen die hellen Schweißtropfen über den Rücken. Hü machte das Fenster auf.

«Ich will doch schauen, ob wir nicht irgendwo ein Dorf oder wenigstens ein Haus sehen, wo wir landen und die Leute fragen können, wohin wir eigentlich geraten sind.»

Es lehnte sich zum Fenster hinaus, so weit es konnte, und guckte eifrig nach allen Seiten. Irgendwo mußte doch ein Mensch zu finden sein.

«Schau einmal da!» rief Hü plötzlich. «Da fliegen ja zwei große Papageien!» Aber schon schüttelte ein neuer Windstoß das Flugzeug und warf es beinahe auf den Rücken.

«Halt dich fest!» schrie der Pilot. Aber es war zu spät. Hü verlor das Gleichgewicht und stürzte zum Fenster hinaus.

«Hilf mir!» wollte es dem Piloten noch zurufen. Aber in dem Augenblick war das Flugzeug schon weit weg. Dem kleinen Hü wollte das Herz stillstehen. Kopfüber stürzte es durch die Luft, immer tiefer und tiefer.

«Onkel Peter! Onkel Peter! Kannst du mir denn nicht helfen?» schrie es in seiner Todesangst. Und dann hörte und sah es nichts mehr. Es war vor Schreck in tiefe Ohnmacht gefallen.

Hü bei den Affen im Urwald

Als Hü aus seiner Ohnmacht erwachte, wagte es gar nicht die Augen aufzumachen. Es spürte nur, daß es nicht mehr im Flugzeug saß. Wirklich, vom Flugzeug war nicht mehr das leiseste Summen zu hören. Und doch surrte, pfiff und lärmte es auf allen Seiten, daß Hü endlich doch neugierig die Augen öffnete. O Schreck! – was Hü da sehen mußte, war schlimmer als alles, was es sich hätte ausdenken können. Es war auf den Wipfel eines riesigen Baumes gefallen und an einem Ast hängengeblieben, und dazu noch mit dem Kopf nach unten. Rings herum sah Hü nichts als Bäume und noch einmal Bäume. Auf den Ästen und Zweigen tummelten sich die sonderbarsten Tiere. Und im blendenden Sonnenschein flogen Tausende von brummenden Käfern und bunten Schmetterlingen umher. Vergeblich spähte Hü nach allen Seiten: vom Flugzeug war keine Spur mehr zu sehen. Es war wohl längst wieder zum König zurückgekehrt.

«Heute wollte ich bei Onkel Peter sein!» klagte das Rößlein. «Und wo bin ich nun hingeraten!»

Das mußte wohl der Urwald sein, von dem der Zirkusdirektor erzählt hatte – wo wilde Löwen und Tiger hausen, und wo im Wasser schreckliche Krokodile herumschwimmen. Wer sollte Hü hier finden und ihm heraushelfen? Nur eine Hoffnung blieb noch, vielleicht würde der gute Spatz es hören, wenn es nur recht laut wieherte. Der Spatz hatte ihm ja auch aus der tiefen Grube geholfen. Warum sollte er ihm nicht noch einmal zu Hilfe kommen?

Also begann das kleine Hü zu wiehern und zu schreien. Aber soviel es auch rief und nach allen Seiten spähte, es war kein Spatz zu sehen. Lauter sonderbare Vögel mit langen Schnäbeln, bunte Papageien und kleine Vögelchen, nicht größer als ein Schmetterling, kamen herbeigeflogen und setzten sich auf den Ast, an dem das kleine Hü hing.

«Wo kommst denn du her?» kreischten und zirpten sie. «So etwas haben wir noch nie gesehen.»

Und ein paar vorwitzige Vögel pickten mit ihren Schnäbeln an dem armen hölzernen Pferdchen herum, daß es laut jammerte.

Aber plötzlich begannen alle die Vögel erregt zu schreien und flatterten auf und davon. Hü guckte um sich. Da sah es auf einem Ast eine gelb und schwarz gefleckte Wildkatze, die sich an der Sonne reckte und streckte und ihre scharfen Krallen zeigte.

Hü blieb ganz still. Wer konnte wissen, was die Wildkatze im Schilde führte! Da sprang sie mit einem Satz auf den Ast, wo Hü dran hing.

«Hier riecht es so sonderbar», knurrte das Raubtier und schnüffelte nach allen Seiten. Es ging nicht lange, da entdeckte es das kleine Rößlein.

Hü zitterte am ganzen Leibe. Die Wildkatze schnupperte an dem Rößlein herum und musterte es von oben bis unten. Dann streckte sie die mächtige Pfote aus und schlug Hü die scharfen Krallen in den Bauch.

«Au weh!» schrie Hü. «Warum schlägst du mich so? Siehst du denn nicht, daß ich ein hölzernes Pferdchen bin? Bei mir gibt es doch nichts zu fressen.»

Und Hü erzählte der Wildkatze seine ganze Geschichte und bat sie, ihm doch zu helfen. Aber sie schüttelte den Kopf:

«Hier mag mich niemand leiden. Und wenn ich dir helfe, dann hast du alle andern Tiere zu Feinden. Es ist besser, du bleibst hier und hast noch ein wenig Geduld. Vielleicht kommt bald ein gutes Tier, das dich herunterholen und aus dem großen Walde führen kann.»

Mit einem Satz verschwand die Wildkatze, und Hü war wieder allein – aber nicht lange. Denn plötzlich tauchte aus dem Dickicht ein Affe auf, und dann noch einer, und hinter ihnen her kamen drei kleine, herzige Äfflein, die noch kaum von einem Ast zum andern springen konnten. Sie spielten so lustig und zupften sich zum Spaß an den Ohren und am Schwanz, daß Hü trotz seines Elends laut lachen mußte.

Da turnten die kleinen Affen hin zum Hü und zerrten es am Kopf und an den Rädchen.

«Schaut, was haben wir da gefunden!» riefen sie den beiden großen Affen zu. Das waren ihre Eltern, und die kamen schleunig herangeturnt. Denn sie wußten ja nicht, ob Hü nicht vielleicht ein böses Tier sei und ihren Kindern etwas antun könnte.

Alle staunten das kleine Hü an. Denn hölzerne Pferdchen gibt es im Urwald nicht.

«Was ist denn das?» fragten die Affenkinder ihren Papa. Aber der wußte auch keine rechte Antwort. Er tastete Hü bedächtig ab, vom Kopf bis zum Schwanz und vom Sattel bis zu den Rädchen.

«Das ist ein sonderbares Ding», meinte der Affenvater und schüttelte den Kopf. «Es sieht aus wie ein Pferd und ist doch von Holz. Das ist wohl ein Spielzeug, wie es die Kinder der Menschen haben. Wie mag das nur auf diesen Baum geklettert sein?»

«Jch bin nicht heraufgeklettert! Ich bin aus dem Flugzeug des Königs herausgefallen!» sagte Hü. «Bitte, nehmt mich mit! Wenn ich noch lange hier hänge, muß ich sterben.»

«Wir möchten das hübsche Pferdchen mitnehmen!» riefen die drei Affenkinder. Und sie kletterten so lange an ihrem Papa herum, bis er «Ja» nickte. Er holte Hü von dem Ast herunter, packte es fest unter dem Arm, und dann turnte die ganze Affenfamilie von Ast zu Ast, bis sie in der Krone eines riesengroßen Baumes haltmachten. Hier waren sie zu Hause, gut versteckt zwischen Ästen und Zweigen.

Da legten sie sich alle schlafen. Denn inzwischen war es spät geworden. Nur die Leuchtkäfer und Fledermäuse schwirrten noch im dunkeln Wald herum. Aber Hü konnte vor Aufregung nicht schlafen. Es war glücklich, daß es wenigstens nicht mehr allein und verlassen auf dem hohen Baume droben hing. Da war es doch tausendmal besser bei den Affen.

Und Hü faßte neuen Mut.

«Ich habe immer Glück gehabt, und sicher werde ich auch den Weg aus dem Urwald finden und bald zu Onkel Peter zurückkehren», sagte es ganz leise. Denn es durfte ja die kleinen Affenkinder nicht aufwecken.

Und dann schlief Hü ein. Die ganze Nacht träumte es, wie es endlich zu Onkel Peter kam und ihn und das alte Weiblein zum guten König führte.

Als Hü am Morgen erwachte, da war nichts zu sehen vom König und vom Onkel Peter. Aber es gab auch keine Zeit für trübselige Gedanken. Im Gegenteil, es begann ein Leben, wie es lustiger noch nie gewesen war. Jeden Tag zog die Affenfamilie aus und kletterte vom Morgen bis zum Abend im Urwald herum. Überall gab es etwas Gutes zu beißen, und so turnten sie von einem Baum zum andern. Hier knabberten sie gutes Johannisbrot, dort fanden sie süße Früchte, die besser schmeckten als Schokolade. Und wenn der größte Hunger gestillt war, dann ging es an ein fröhliches Turnen und Seiltanzen. Hü hatte zwar keine Hände und Kletterfüße, und es konnte auch nicht mit seinem Schwanze herumturnen, wie das die Affen so herrlich verstanden. Aber das war nicht so schlimm. Die Affeneltern wurden nicht müde, das kleine Hü mit sich herumzutragen. Und die Jungen machten sich einen Hauptspaß draus, mit Hü zu spielen und mit ihm allen möglichen Scherz zu treiben. Sie schaukelten mit ihm an langen Schlingpflanzen wie die Künstler im Zirkus. Sie spielten Seiltanzen auf den Ästen der höchsten Bäume. Und wenn sie ganz übermütig waren, dann warfen sie sich das hölzerne Pferdchen zu wie einen Spielball.

Damit war Hü allerdings nicht einverstanden. Wie leicht konnte es plötzlich hinunterstürzen und Hals und Beine brechen! Aber die Affenjungen hatten keinen Verstand. Sie sagten:

«Wenn du uns das Spiel verderben willst, dann hängen wir dich wieder auf den hohen Baum. Dann wird dich der Aasgeier fressen!»

So wußte Hü manchmal nicht mehr, wo ihm der Kopf stand. Und in der Nacht konnte es kaum mehr schlafen. Immer häufiger dachte es wieder an Onkel Peter, wie er wohl traurig zu Hause saß und auf sein Rößlein wartete.

«Lieber Affenvater», sagte es eines Tages. «Kannst du mir nicht sagen, wie ich aus diesem Wald herausfinden und zu Onkel Peter heimkehren kann? Es ist ja sehr lustig bei euch, und ich würde gern bei euch bleiben. Aber das kann nicht sein. Ich muß zu Onkel Peter gehen. Wer weiß, ob er nicht schon verhungert ist!»

Aber davon wollte der Affenvater nichts wissen.

«Du bist ja kaum recht angekommen und willst uns schon wieder davonlaufen? Warte noch, bis meine Kinder etwas größer sind. Dann brauchen sie kein Spielzeug mehr, und ich will dich gern bis an den Rand des Urwaldes führen.»

Was blieb Hü anderes übrig, als Geduld zu haben? Allein konnte es nicht durch den Urwald laufen. Da würde es schon am ersten Tag von einem wilden Tier aufgefressen. Und es wußte auch gar nicht, in welcher Richtung es gehen müßte.

So wurde Hü mit jedem Tag trauriger und trauriger. Und wenn es am Abend mit den kleinen Affen im Neste lag, tat es kein Auge zu. Immer dachte es an Onkel Peter und weinte leise vor sich hin.

Hü fällt den Wilden in die Hände

So wurde es wieder einmal Morgen. Die Papageien begannen ringsum zu kreischen und wünschten sich einen guten Tag. Auch die Affen rekelten sich und rieben sich den Schlaf aus den Augen. Die Jungen setzten sich an den Rand des großen Nestes und überlegten, was sie heute unternehmen könnten. «Dürfen wir zu dem Zuckerbeerenbaum hinüberklettern?» fragten sie den Papa. «Wir möchten gern schauen, ob die Beeren reif sind.»
Die Affenjungen waren schon groß geworden und konnten auch ohne die Eltern in den Bäumen herumklettern. Und immer nahmen sie das kleine Hü mit sich, denn sie wollten sich gar nicht mehr von ihm trennen.
«Ja, das dürft ihr», antwortete der Affenpapa. «Aber steigt mir ja nicht auf die Erde hinunter. Ihr wißt, wie viele Löwen und Tiger und wilde Neger da unten herumlaufen. Wenn die euch erwischen, dann ist es um euch geschehen.»
«Nein gewiß werden wir immer schön auf den Bäumen droben bleiben», versprachen die kleinen Affen und kletterten davon.
Aber als sie ein gutes Stück vorangeturnt waren, hielt das Älteste an.
«Schaut einmal dort unten das lustige Bächlein», sagte es zu seinen Brüdern. «Wollen wir nicht ein wenig plantschen gehen? Der Papagei vom Baum nebenan sagt, man kann sich im Wasser so lustig spiegeln und sein eigenes Gesicht sehen!»
«Und die Fischlein wollen wir sehen, die im Wasser herumflitzen. Die Mama hat uns davon erzählt», riefen die andern Äfflein. Aber Hü warnte erschrocken:

«Ihr sollt nicht auf die Erde heruntersteigen, hat euer Papa gesagt. Denkt an die Löwen und Tiger!»

«Du bist und bleibst ein Feigling!» spotteten die kleinen Affen. «Siehst du nicht, wie andere Tiere da unten herumlaufen? Und die sind auch nicht aufgefressen worden. Fertig! Wir gehen jetzt zum Bächlein plantschen und unsere Gesichter anschauen. Und du kommst mit!»

Und sie packten das Rößlein und rutschten mit ihm an einer langen Schlingpflanze zur Erde hinunter.

Hü war es nicht geheuer. Aber es machte doch einen Freudensprung, als es endlich wieder einmal auf festem Boden stand. Wie lange hatte es nun schon mit der Affenfamilie auf den Bäumen gelebt! Und die ganze Zeit hatte es seine Rädchen gar nicht gebrauchen können! Nun galoppierte es zuerst ein paarmal um einen dicken Baum herum, um zu schauen, ob es das Laufen noch nicht verlernt hatte.

Die kleinen Affen aber planschten im Wasser und spritzten sich fröhlich an. Dann guckten sie wieder in den Wasserspiegel und wollten sich totlachen, wenn sie da ihre eigenen Gesichter sahen.

«Jetzt wollen wir wieder hinaufsteigen!» warnte Hü. «Wer weiß, ob nicht ein Löwe kommt!»

«Ach, damit will uns der Papa nur erschrecken!» lachten die Affenjungen. Aber das Lachen verging ihnen bald. Denn plötzlich hörten sie laute Stimmen. Und im nächsten Augenblick kam ein Wilder aus dem Gebüsch, und dann noch einer und noch einer, eine ganze Horde, alle mit Pfeil und Bogen und langen Speeren in der Hand.

Ein Glück, daß die Affenjungen ein wenig verdeckt waren. So kamen sie mit dem Schrecken davon. Eines nach dem andern turnte an der langen Schlingpflanze hoch.

Nur ihr Rößlein hatten sie ganz und gar vergessen.

«Da klettern drei Affen!» rief einer der Wilden. Und alle spannten schnell die Bogen und schossen ihre Pfeile auf die Affenjungen. Doch die waren schon zu weit oben und versteckten sich in der dichten Baumkrone.

Das Rößlein Hü aber stand hinter einem Strauch mit riesigen Blättern.

«Schade», hörte es einen der Wilden sagen. «Drei junge Affen... das wäre ein herrlicher Braten gewesen!» Der Wilde klatschte sich mit der Hand auf den nackten Bauch.

Hü wagte sich nicht zu regen. Wie sollte es nur entkommen? Auf die Bäume klettern konnte es nicht. Und wenn es nur ein wenig muckste, dann mußten es die Neger entdecken.

«Die Jäger werden wohl bald weiterziehen», dachte Hü. «Die Äfflein sind ihnen entwischt. Und sicher wird mich der Affenvater bald holen.»

Aber da hatte es sich getäuscht. Die Neger waren schon weit gelaufen und wollten am Bächlein ausruhen. Hü guckte zwischen den großen Blättern hervor und sah genau zu, wie sie mit der hohlen Hand Wasser schöpften und gierig tranken. Und dann setzten sie sich auf den Boden. Ihre furchtbaren Speere und Pfeile legten sie nicht aus den Händen.

«Owambo, hol mir dort ein paar der großen Blätter, da will ich mich draufsetzen!» befahl der Dickste. Das mußte wohl ein Häuptling sein, denn er trug prächtige Ketten um den Hals und an den Armen.

Ein junger Wilder sprang auf und lief auf den Busch zu, wo Hü versteckt war. Hü glaubte, die ganze Negerhorde müßte sein Herz pochen hören, so laut klopfte es. Starr vor Schreck stand es da. Jetzt war keine Flucht und kein Verstecken mehr möglich. Der Negerbursche zog sein mächtiges Messer, und mit einem Hiebe mähte er die großen Blätter zu Boden. Hü konnte eben zur Seite springen. Sonst hätte ihm der Neger wohl den Kopf abgeschlagen.
«Schaut einmal daher!» rief der Mann überrascht. «Da steht ja ein Pferdchen.» Er wollte Hü am Halse packen.
Aber das machte einen Satz zur Seite und raste davon, so schnell es seine Rädchen trugen. Ohne sich umzusehen rannte es zwischen den großen und kleinen Bäumen hindurch nur immer weiter und weiter, um den wilden Negern zu entfliehen.
Da erhoben die Neger ein fürchterliches Geheul. Sie hatten Hüs Spur entdeckt, und rannten hinter ihm drein, was ihre Beine hergaben. Wütend schwangen sie die Speere, als wären sie auf der Jagd nach einem Löwen oder Elefanten.
Immer näher hörte Hü die schwarzen Jäger kommen, und immer flinker versuchte es in dem dunkeln Walde zu entfliehen. Ein ums andere Mal stolperte es über Wurzeln und Steine. Aber schnell stand es wieder auf und stürmte weiter in den Busch hinein.
«Hier ist das Rößlein durchgelaufen», hörte es hinter sich rufen. «Rasch, rasch! Sonst läuft es uns am Ende noch davon.»
Da verdoppelte Hü seine Anstrengung. Aber plötzlich stolperte es wieder und fiel zu Boden, daß die Gold- und Silberstücke in seinem Bauch laut klingelten und klapperten. Es wollte wieder aufstehen. Aber o weh! Es hatte

sich schlimm in das Dickicht verrannt. Die Schlingpflanzen legten sich um seine Rädchen und Beine und um seinen Hals und hielten es fest wie mit hundert Seilen. Es mochte zappeln wie es wollte: es konnte nicht mehr aufstehen. Immer näher kamen die schreienden Wilden. Hü schloß vor Angst die Augen. Im nächsten Augenblick mußten die schwarzen Männer das arme Rößlein entdecken. Und was dann mit ihm geschah, das konnte man sich ausdenken.

Hü soll von den Wilden gebraten werden

Wirklich ging es nicht lange, da rief einer der Wilden:
«Ha, ha! Hier liegt ja das Rößlein. Das gehört mir! Ich habe es zuerst gesehen!»
Hü versuchte noch einmal, sich loszureißen. Und in der Tat, es konnte sich aufrichten. Aber nun war es zu spät. Schon packte der Neger zu, band Hü einen Strick um den Hals und warf es über die Schulter.
Und los ging es durch den finstern Wald. Vergeblich schaute Hü zu den hohen Bäumen auf, ob nicht vielleicht seine Affenfreunde auftauchten und ihm zu Hilfe kämen. Alles blieb still. Denn die Tiere hörten die Neger schon von weitem kommen und liefen um die Wette, um sich zu verbergen.
Stunden und Stunden lang ging es durch den Wald, bis sie endlich zum Negerdorf kamen. Rund um einen großen Platz standen die Hütten, und vor den Türen tauchten alte und junge Männer auf und wollten sehen, was die Jäger nach Hause brachten.
Die Jäger hatten keine gute Laune. Außer dem hölzernen Rößlein hatten sie nichts gejagt. Nur Owambo war ganz glücklich. Er stellte das Rößlein mitten auf den Platz und begann herumzutanzen.
«Owambo... Owambo...! Owambo ist ein großer Jäger!» schrie er dazu aus Leibeskräften und schlug sich mit der Hand auf die nackte Brust. «Wenn niemand etwas erlegt, ich finde immer einen guten Braten! Macht Feuer an, ihr sollt alle ein Stück von meinem Pferdchen haben!»
Also braten und auffressen wollten die Wilden das arme Hü!

«Lieber Neger!» flehte Hü verzweifelt. «Siehst du denn nicht, daß ich ein hölzernes Pferdchen bin? Du kannst mich doch nicht essen. Bitte, bitte! Bratet mich nicht! Ihr könnt mich wirklich nicht essen!»

«Das werden wir schon sehen», lachte der Wilde und bleckte die Zähne. «Nun wirst du gebraten. Und wenn du nicht sofort stillschweigst, dann schlage ich dich gleich tot!»

Hü merkte wohl: mit dem Neger war nicht zu spaßen. Was konnte es nur tun, um dem grausigen Feuer zu entgehen? Alles Bitten und Flehen nützte nichts.

Ringsherum schaute das Rößlein, ob nicht doch jemand mit ihm Erbarmen

habe. Auf dem Platz herum watschelten ein paar Papageien und Fasane. «Warum soll es dir besser gehen als uns?» sagten sie und nickten traurig. «Uns haben die Neger gefangen und die Federn an den Flügeln ausgerissen, damit wir nicht fortfliegen können. Nun werden wir gemästet. Und wenn wir dick genug sind, dann drehen sie uns den Hals um, und wir werden gebraten wie du.»
«So gibt es gar keine Rettung mehr für mich»? fragte Hü.
«Das ist nun zu spät», krächzte ein alter Papagei. «Ja, wenn du ein Mensch wärest, dann könntest du dich vielleicht loskaufen. Aber wir armen Tiere haben ja kein Geld. Da müssen wir eben mit der eigenen Haut bezahlen.»
Wirklich trugen die Neger prächtige Ketten um den Hals, und an diesen Ketten glitzerte eine Menge von Gold- und Silberscheibchen.
«Vielleicht kann ich mich mit einem Goldstück loskaufen», schoß es Hü durch den Kopf, «wie hübsch würde sich ein Golddukaten an einer solchen Halskette ausnehmen! Vielleicht führt mich der Neger für einen Dukaten sogar aus dem wilden Urwald hinaus, und dann kann ich weiter meinen Weg zu Onkel Peter suchen.»
Also sagte Hü laut: «Lieber Neger. Wenn du mich laufen läßt, werde ich dir ein prächtiges großes Goldstück geben, so schön wie du es noch nie gesehen hast. Das kannst du an den Hals hängen. Dann bist du der reichste Mann weit und breit.»
«Ein Goldstück!» lachte Owambo höhnisch. «Woher willst du ein Goldstück haben? Und überhaupt ist mir ein Goldstück nicht genug. Ich habe Hunger und will dich gleich braten und auffressen.»

«Ich gebe dir drei Goldstücke», sagte Hü schnell. «Willst du mich dann laufen lassen?»

«Drei Goldstücke! Das hört sich schon besser an», meinte der Neger. «Aber es ist zu wenig. Wenn wir einen Menschen fangen, dann verlangen wir hundert Goldstücke als Lösegeld. Wer das nicht zahlen will, der wird aufgegessen.» Da wurde Hü ganz mutlos.

«Hundert Goldstücke habe ich nicht», klagte es. «Aber wenn du mit zehn Golddukaten zufrieden bist, dann will ich sie gern bezahlen.»

Der Neger lächelte schlau und erwiderte:

«Zeig mir erst einmal deine Goldstücke! Dann wollen wir weiter sehen.»

Da holte Hü aus seinem Bauch die zehn Dukaten, die es vom König erhalten hatte, und legte sie vor Owambo hin. Was machte der für Augen, als er die glitzernden und glänzenden Goldstücke sah! Das ganze Dorf lief zusammen, und der Neger zeigte ihnen, was für einen Fang er gemacht hatte.

«Drei Goldstücke will ich haben für meine Halskette!» rief seine Frau.

«Ich will auch eines!» schrien die Kinder. Und alle langten nach den Goldstücken des kleinen Hü und rannten davon, um sie zu verstecken.

«Du hast ja einen ganzen Schatz in deinem Bauch!» sagte Owambo. «Laß einmal sehen, was es da noch Schönes gibt.»

Und er packte Hü, schraubte ihm den Kopf ab und leerte den ganzen Schatz von Talern und Dukaten auf den Platz. Als er alles ausgeschüttet hatte, setzte er Hü den Kopf wieder auf.

«Fürwahr, ein feiner Fang», rief der Neger ein ums andere Mal und klatschte sich vor Vergnügen auf die schwarzen Schenkel. «Nun bin ich der reichste

Mann des ganzen Stammes! Nur immer weiter, dummes Rößlein! Wo hast du deine andern Schätze?»

«Das ist alles, was ich habe», beteuerte Hü. «Und es gehört gar nicht mir. Ich soll das Geld dem Onkel Peter bringen. Er ist ein armer alter Mann und wird sicher verhungern und erfrieren, wenn ich ihm nicht bald helfe. Bitte, behalte die zehn Dukaten und laß mir den Rest für den alten Onkel Peter!»

«Nichts da!» schrie der Neger. «Du hast gewiß noch mehr Schätze versteckt. Ich will alles haben. Verstehst du? Heraus mit der Sprache! Wo hast du das andere Gold und Silber?»

Da begann Hü zu weinen. Es schwor, daß es wirklich nichts mehr habe auf der ganzen Welt. Aber Owambo wurde fuchsteufelswild.

«Ich will dich schon reden lehren!» schrie er und schlug Hü mit dem Speer auf den Kopf, daß ihm ganz schwarz wurde vor den Augen. «Jetzt kommst du auf den Bratrost! Wenn dich das Feuer kitzelt, dann wirst du deine Schätze wohl zeigen!»

Und er packte Hü und warf es auf den Bratrost, wo das Feuer glühte und züngelte. Dann ging er in seine Hütte und begann die Goldstücke und die Silbertaler zu zählen.

Zu Tode erschrocken lag Hü auf dem Rost. Die Flammen schossen zu ihm empor, und es erstickte beinahe in dem furchtbaren Rauch. Verzweifelt schaute es ringsumher, ob ihm denn gar niemand zu Hilfe komme. Aber kein Mensch war zu sehen. Alle waren in die Hütten essen gegangen.

Da sprang es mit einem mächtigen Satz vom Bratrost und floh in den nahen Wald. Aber wie es im Busch verschwinden wollte, da schrie ein Negerjunge:

«Das Rößlein rennt davon... das Rößlein rennt davon...» Und sofort war die ganze Negerhorde zur Stelle und rannte hinter dem Rößlein her.

Das arme Hü kam nicht weit. Schon hinter den ersten Bäumen packte es Owambo.

«Also davonrennen willst du!» schimpfte er. «Ich will dir zeigen, wie man mit solchen Spitzbuben umgeht.»

Wieder warf er das kleine Hü auf den Bratrost, und diesmal band er es mit einem Strick fest. Ringsherum stellte er eine Wache auf. Da gab es kein Entkommen.

«Schürt nur wacker das Feuer!» befahl Owambo. «So können wir den Braten bald versuchen.»

Da lag das kleine Rößlein wieder auf dem Bratrost, und noch dazu mit einem Strick gefesselt. Alles schien verloren. Der Rauch wurde so dick und biß Hü in die Nase, daß es gar nicht mehr schnaufen konnte. Es hustete zum Ersticken, als hätte es den Keuchhusten. Aus den Augen liefen ihm die Tränen und tropften hinunter in die Glut. Die Flammen leckten an seinem armen, geschundenen Körper und versengten ihm die schöne schwarze Mähne und den Schwanz.

«Jetzt ist alles umsonst», keuchte Hü. Und zum letztenmal wieherte es, so stark es konnte.

«Ha, ha!» lachten die Wilden. «Das Rößlein schreit um Hilfe! Wir werden ihm gleich helfen und es auffressen!»

Hü wieherte noch einmal mit seiner letzten Kraft. Gab es denn wirklich niemanden auf der ganzen Welt, der mit ihm Erbarmen hatte? Hü hatte überall so gute Freunde, und alle wären ihm sicher gern zu Hilfe gekommen. Aber wer konnte denn wissen, daß es tief im Urwald auf einem Bratrost schmorte?

Jumbo rettet das kleine Hü

Nun kam die ganze Negerhorde aus den Hütten und versammelte sich um den Bratrost. Owambo schleppte eine lange Trommel herbei, und groß und klein begann um Hü herumzutanzen. Dazu sangen und schrien sie und stampften auf den Boden, daß man sich richtig fürchten konnte.
Hü merkte von allem nichts mehr. Die Flammen leckten an seinem hölzernen Körper und verbrannten schon den Strick, mit dem es an den Rost gebunden war. Aber aufstehen konnte es nicht, es war halb erstickt vom Rauch und von der Hitze.
Doch mit einemmal standen die Neger bockstill und verstummten. Was war das? Alle starrten entsetzt in den Wald. Da schlug auch Hü die Augen auf. Aus dem Wald kam ein Trompeten und ein Krachen von Bäumen. Und der Boden begann zu zittern wie bei einem Erdbeben.
Aber Hü erschrak nicht. Denn was konnte ihm noch Schlimmeres geschehen? Der Lärm wurde immer stärker. Plötzlich öffnete sich das dichte Gebüsch, und auf den Platz des Negerdorfes stürmte ein großmächtiger Elefant.
«Jumbo...!» wieherte das Rößlein Hü. Denn gleich erkannte es seinen alten Freund. Mit dem langen Rüssel schlug er hin und her.
Die Wilden wollten ihre Speere schleudern und die Bogen spannen. Aber Jumbo trompetete so laut und fuhr mit seinem Rüssel in der Luft herum, daß sie in aller Eile ihre Kinder ergriffen und in den Wald flohen. Owambo wollte zupacken und das Rößlein Hü rasch vom Bratrost reißen. Aber da war Jum-

bo schon zur Stelle. Owambo duckte sich und rannte den andern nach in den Busch hinein.

Nun hatte Jumbo erst Zeit, sich um das Rößlein zu kümmern. Mit seinem mächtigen Rüssel blies er das Feuer aus, daß die Funken stoben, und dann hob er Hü vom Bratrost herunter.

«Mein armes Rößlein», klagte er. «So muß ich dich wiederfinden! Halb gebraten und mit abgebranntem Schwanz und ohne Mähne.»

Hü war so übel, daß es gar nichts sagen konnte. Es stand nur still da, und vor Freude kollerten ihm die Tränen über die Backen herunter.

«Du bist ja halbtot», sagte Jumbo. «Und wie bist du schwarz geworden vor lauter Rauch und Ruß!»

Aus einem großen Hafen sog er den Rüssel voll Wasser und spritzte Hü von oben bis unten ab.

Da wurde Hü langsam munter.

«Mein guter Jumbo», sagte es. «Wie soll ich dir für alles danken? Wenn du nicht gekommen wärest, dann hätten mich die Neger ganz totgebraten und in Stücke geschnitten! Woher hast du gewußt, daß ich hier gefangen bin?»

«Das war mein alter Freund, der Papagei Arara», antwortete Jumbo. «Der ist zu mir gekommen und hat mir alles berichtet. Er hat gerade zugeschaut, als dich Owambo packte und auf den Rücken nahm. – Doch das will ich dir ein anderes Mal erzählen. Jetzt müssen wir uns sputen und nach Hause gehen. Wir haben noch einen weiten Weg.»

Und er streckte den Rüssel aus, um das Rößlein auf den Rücken zu laden.

«Meine Taler und Golddukaten!» rief aber das kleine Hü. «Die Neger haben mir das ganze Geld weggenommen, und ich kann doch nicht mit leerem Bauch zu Onkel Peter zurückkehren. Wovon soll er denn Brot und Kohle kaufen?»

Schnell lief es in die Hütte des bösen Mannes. Und da fand es seinen ganzen Schatz. Die Taler und Dukaten lagen am Boden herum, als wären es bloß Steine. Eifrig las Hü die Münzen zusammen und versorgte sie in seinem hohlen Bauch. Aber als es wieder aus der Hütte rollen wollte, da spürte es plötzlich, wie es von hinten gepackt wurde.

«Laß mich loß!» schrie Hü ganz erschreckt. Schnell schaute es sich um. War einer der bösen Wilden zurückgeschlichen, um das Rößlein in den Wald zu schleppen? Nein, was Hü da sah, war beinahe zum Lachen. Es war der Affenvater! Der machte die lustigsten Grimassen und fuchtelte mit den Händen in der Luft herum.

«Wie kommst denn du daher?» fragte Hü. Aber der Affenvater gab keine Antwort. Er nahm Hü auf den Arm, rannte durch die Hintertüre zum Waldrand und turnte auf den nächsten Baum.

Da bekam Hü plötzlich furchtbare Angst.

«Laß mich doch los!» rief es und wollte sich dem Affen aus dem Arm winden. «Laß mich zu Jumbo gehen. Er hat mich gerettet und die bösen Neger fortgejagt. Und sicher wird er mich auch zu Onkel Peter bringen.»

Aber der Affe wollte nichts hören. Er kletterte von einem Ast zum andern, hinauf und hinunter, hängte sich am Schwanz auf und schwang sich auf den nächsten Baum.

«Lieber Affenvater, bring mich zu Jumbo zurück, bitte, bitte!» bettelte Hü ein ums andere Mal. Aber es war umsonst. Immer weiter ging es durch die Äste und Zweige. Der Affenvater machte erst halt, als sie zu dem Neste kamen, wo die Affenjungen saßen.

«Eh... eh... eh...! Da ist ja unser Rößlein wieder!» schrien sie und stürzten sich auf Hü. Aber das blieb ganz still.

«Warum bist du so traurig?» fragten die Affenjungen. «Wir wollten dir gewiß nichts Böses tun. Und wir werden auch nicht mehr mit dir auf den Boden hinunter klettern. Ganz sicher nicht!»

Aber Hü sagte immer noch nichts. Es dachte nur immer an Jumbo, der wohl den ganzen Wald nach seinem Hü absuchte, und an Onkel Peter, den es nun gewiß nie wieder sehen würde.

Es wurde Nacht, und Hü hatte noch kein Wort gesagt. Bis zum Morgen stand es mit offenen Augen am Rand des Nestes und schaute nach allen Seiten, ob ihm denn wirklich niemand zu Hilfe komme.

Als der erste Schimmer des neuen Tages durch das Laub der Bäume drang, hörte Hü plötzlich eine Stimme:

«Hü, bist du wach?»

«Wer ist da?» fragte Hü. Kam da vielleicht eine Rettung?

«Ich bin's, der Papagei Arara!» sagte die Stimme. «Sei nur ruhig! Ich habe Jumbo schon erzählt, daß die Affen dich wieder geholt haben. Sobald es Tag ist, will ich ihn herführen.»

«Wer schwatzt da so früh am Morgen?» knurrte plötzlich der Affenvater. «Was hat denn der Papagei bei uns zu suchen?»

Aber der Papagei ließ sich nicht einschüchtern.

«Du sollst Hü laufen lassen», sagte er. «Das Rößlein kann doch nicht sein Leben lang auf den Bäumen droben bleiben. Du weißt, daß es heimgehen muß zu Onkel Peter.»

«Dafür ist noch lange Zeit!» antwortete der Affe. «Jetzt soll Hü noch ein wenig mit meinen Jungen spielen. Wenn das Jahr um ist, dann wollen wir es uns einmal überlegen.»

«Nein, jetzt sollst du es laufen lassen, jetzt gleich!» ereiferte sich der Papagei und schlug seine Flügel.

Da erwachten auch die Jungen.
«Hü soll immer hier bleiben. Wir wollen mit ihm spielen, immer, immer...!» schrien sie.
«Ihr seid eine dumme Affengesellschaft!» schimpfte der Papagei Arara.
Aber die Affenjungen nahmen das Rößlein und sprangen mit ihm von Ast zu Ast. Da flog der Papagei zornig weg.
Als es gegen Mittag ging, hörte Hü wieder das laute Trompeten. Und bald flatterte auch der Papagei daher.
«Da kommt Jumbo», rief er dem Rößlein zu. Und Hü wieherte vor Freude, so laut es konnte.
Die Affenfamilie war ganz aufgeregt.

«Sie wollen unser Rößlein holen... sie wollen unser Rößlein holen...», riefen sie.
«Bitte, laßt mich mit dem guten Jumbo gehen», flehte Hü. «Ich bin euch ja so dankbar, daß ihr mich vom Baum heruntergeholt habt, als ich aus dem Flugzeug gefallen war. Und es ist ja immer sehr lustig gewesen bei euch. Aber ich kann wirklich nicht länger hier bleiben. Bitte, laßt mich gehen!»
Doch davon wollten die Affenjungen nichts wissen.
«Sag dem Jumbo, er soll sich zum Kuckuck scheren», rief der Affenvater dem Papagei zu. «Wir geben das Rößlein nicht heraus.»
Aber Jumbo war nicht weit. Schon hörte man sein heftiges Schnaufen und das Knacken der Zweige. Und nach ein paar Augenblicken stand der große Elefant unter dem Baum, auf dem der Affenvater saß mit dem kleinen Hü im Arm.
«Guten Tag», rief Jumbo hinauf. «Ich komme das Rößlein Hü abholen. Ich will ihm weiterhelfen, damit es bald zu Onkel Peter kommt.»
Aber statt einer Antwort warfen die Affenjungen einen Haufen Palmnüsse hinunter, dem Elefanten gerade auf den Kopf.
Das war dem guten Jumbo doch zu viel. Mit seinem Rüssel packte er den Baum, auf dem die Affenfamilie saß, und schüttelte ihn so stark, daß der Affenvater furchtbar erschrak und fast hinunterpurzelte. Schnell wollte er sich mit beiden Händen festhalten – doch da ließ er das Rößlein fallen. Wie eine reife Kokosnuß sauste Hü durch die Luft. Aber unten stand Jumbo schon bereit. Er streckte den langen Rüssel aus und fing es im rechten Augenblick auf.
«Eh... eh... eh...», schimpften die Affen auf dem Baume droben, und der alte Papagei Arara lachte, daß sein Krächzen im Walde widerhallte. Jumbo aber packte seinen kleinen Freund und machte sich auf nach Hause.

*Hü lernt die Elefantenfamilie kennen und
rettet Jumbos Sohn aus großer Not*

Es war noch früh am Tage, als Hü und Jumbo sich auf den Weg machten. Was es da nicht alles zu sehen gab! So lange lebte Hü nun schon im Urwald, aber es hatte ja immer auf den Bäumen droben gewohnt. Und nachher hatten es die Neger herumgeschleppt, daß es gar nicht die Augen aufmachen mochte. Jetzt aber war es bei Jumbo. Es ritt auf seinem Rücken, oder, wenn das Dickicht zu undurchdringlich wurde, faßte der Elefant das kleine Rößlein mit dem Rüssel und trug es heil und sicher durch das Dorngestrüpp. Jumbo erklärte ihm alles: wie die Bäume hießen, welche Früchte man essen konnte und was für Tiere es waren, die zu beiden Seiten des Pfades aus dem Gesträuch schauten. So ging es Stunde um Stunde. Am Abend kamen sie zu einer großen Lichtung. Jumbo streckte den Rüssel in die Höhe und trompetete dreimal, daß der Wald widerhallte.
Nicht lange dauerte es, da rannte ein herziger kleiner Elefant geradewegs auf Jumbo zu. Er war zwar viel größer als das Rößlein Hü, aber er konnte ganz leicht zwischen den Beinen von Jumbo hindurchlaufen. Und er hatte auch noch keine langen Stoßzähne.
«Wer ist denn das?» fragte Hü. «Ist das ein Elefantenkind?»
«Das ist mein Sohn», sagte Jumbo. Und er hob den kleinen Elefanten in die Höhe. «Mit ihm darfst du spielen. Aber erst mußt du uns einmal erzählen, wie du hierher in den Urwald kommst, und wie es Onkel Peter geht.»

Da berichtete Hü von seinen Reisen und von den vierundzwanzig hölzernen Pferdchen, die Onkel Peter geschnitzt hatte.

Und dann lernte es auch die Elefantenmama kennen und noch eine ganze Schar von großen und kleinen Elefanten. Sie hausten alle miteinander im Wald, suchten süße Früchte und saftige Kräuter. Wenn sie genug gegessen hatten, dann rannten sie um die Wette unter den riesigen Bäumen herum und hinaus in die offene Steppe. Denn hier war der Urwald nicht mehr so dicht. Überall gab es große Wiesen, wo sich hohe Palmen im Winde wiegten und mir so hohem Gras, daß sich sogar die Elefanten darin verstecken konnten. Eines Morgens sagte Jumbo:

«So, mein kleines Hü. Heute darfst du mit meinem kleinen Sohn spazierengehen. Die Jungen müssen ja auch lernen, sich allein zurechtzufinden. Aber paßt mit gut auf. Wenn ihr die Spuren von Löwen oder von Menschen seht, dann geht keinen Schritt weiter, sondern kommt schleunigst heim!»

«Menschen?» fragte Hü. «Gibt es denn hier auch Menschen?»

«Ja, leider Gottes», nickte Jumbo. «Manchmal kommen böse Jäger bis hier in die Nähe. Wir riechen sie zwar meist schon von weitem und können uns beizeiten retten. Aber oft graben sie tiefe Löcher mitten in unsere Pfade. Diese Gruben decken sie mit Ästen und Laub und Erde zu. Wenn wir uns nicht vorsehen, fallen wir hinein, und dann kommen die Jäger und schießen uns tot. So haben sie auch meinen armen Bruder erwischt.»

«Warum schießen sie euch denn tot?» wollte Hü wissen. «Ihr tut ihnen doch nichts zuleide?»

«Die Jäger wollen unsere großen Zähne haben», erklärte Jumbo. «Die ver-

kaufen sie für teures Geld. Das ist das Elfenbein, weißt du, aus dem die Leute so kleine Puppen und Klaviertasten machen. Das habe ich beim Zirkusdirektor gesehen. Da kam doch auch so ein Kerl und wollte dem Zirkusdirektor zehn Golddukaten geben, wenn er mir meine Zähne absägen lasse. Da hat ihn der Zirkusdirektor fortgejagt.»

«Aber Onkel Peter würde dir nicht die Zähne absägen», sagte Hü. «Der tut niemandem etwas zuleide.»

«Nein, Onkel Peter wohl nicht», antwortete der Elefant. «Aber es sind nicht alle Leute wie Onkel Peter. Also seht euch vor!»

Da versprach Hü, es wolle doppelt aufpassen. Und es machte sich mit Jumbito auf den Weg. Jumbito war nämlich der Name von Jumbos kleinem Sohn. War das ein lustiger Tag, den Hü mit Jumbito verbrachte! Sie machten zusammen Wettrennen über die weiten Wiesen. Dann wieder spielten sie Verstecken im dichten Wald, wo man sich vor lauter Bäumen nicht finden konnte. Und wenn sie Hunger hatten, dann schüttelten sie einen Baum mit großen Affenbrotfrüchten und aßen sich toll und voll. Sie trafen auch Giraffen mit langen Hälsen und hübsch gestreifte Zebras. Übermütig rannten sie hinter ihnen her und wollten auch mit ihnen spielen.

«Jetzt gehen wir hinüber zum großen Fluß», sagte Jumbito. «Vielleicht sehen wir da ein paar Flußpferde und Krokodile. Die sind so lustig anzuschauen, wenn sie im Wasser herumtollen. Dort kenne ich einen andern Pfad, auf dem wir geradewegs nach Hause gehen können.»

So zogen sie hintereinander her. Es war noch früh am Nachmittag und sicher kamen sie beizeiten nach Hause, bevor es Abend wurde.

Aber auf einmal blieb Hü erschreckt stehen und wollte seinen Augen nicht trauen: Jumbito war plötzlich vom Erdboden verschwunden. Nur einen leisen Schrei hatte Hü gehört, und weg war Jumbito.
«Jumbito!» schrie Hü. «Wo bist du?»
Doch da ertönte nur ein leises Wimmern. Vorsichtig ging Hü voran. Und nun hörte es Jumbito rufen:
«Hü! Liebes Hü! Hilf mir! Ich bin in eine Grube gefallen!»
Wirklich, da war ein mächtiges Loch mitten in den Weg gegraben und gut mit Ästen und Erde zugedeckt. Kein Mensch und auch kein Elefant hätte das sehen können. Und nun lag Jumbito tief drunten in der Grube und konnte nicht einmal aufstehen. Er hatte einen Fuß verstaucht und jammerte, daß Hü das Herz brechen wollte.
«Was machen wir nun?» fragte Hü verzweifelt. «Du kannst doch nicht hier liegenbleiben? Dann kommen die Jäger und schießen dich tot.»
Aber da war schwer zu helfen. Zwar versuchte Jumbito auf drei Beinen zu stehen und streckte den Rüssel zum Rande der Grube hinauf. Aber Hü war viel zu klein, um den armen gefangenen Freund heraufzuziehen.
«Soll ich vielleicht Jumbo und die andern Elefanten holen, bevor es zu spät ist?» überlegte Hü. «Wer weiß, vielleicht kommen die Jäger erst morgen zurück.» Aber auch diese Hoffnung war vergeblich. Denn eben wollte Hü nach Hause rollen und Hilfe holen, da hörte es in der Nähe Menschenstimmen.
«Die Jäger», flüsterte es erschreckt. «Stell dich tot und mucks dich nicht!» rief es zu Jumbito hinunter. Und dann versteckte sich das Rößlein rasch im dichten Gebüsch.

Es waren wirklich zwei Jäger, die da in der Biegung des Weges auftauchten. Auf dem Kopf trugen sie Tropenhelme, um den Bauch hatten sie einen Revolvergurt mit unheimlich vielen Patronen gebunden, und an ihren Schultern hingen zwei Jagdgewehre mit langen, blitzenden Läufen.
«Wie steht's wohl hier?» brummte einer der Jäger mit rauher Stimme
«Es ist höchste Zeit, daß wir wieder einmal ein paar gute Zähne nach Hause bringen. Zwei Zähne, das gibt für einen ganzen Monat Schnaps!» antwortete der andere.
Schon kamen die beiden in die Nähe der Grube. Hü zog seinen Kopf weiter ins Gebüsch zurück.
«Schau einmal dort, da ist einer in die Falle gelaufen», riefen die Jäger und rannten zu dem halbverdeckten Loch – aber gleich begannen sie zu schimpfen.
«Nur ein elendes Junges ohne Zähne! Das soll doch der Teufel holen!» schrie der eine und riß das Gewehr von der Schulter. Hü stockte der Atem.
«Halt!» rief der andere. «Sei doch nicht so unvernünftig! Laß das Junge ruhig liegen. Sicher kommen es die Alten suchen, und dann fallen sie doch noch herein. Wenn sie dich aber schießen hören, dann laufen sie weiß der Kuckuck wie weit weg.»
«Meinetwegen», knurrte der erste. «Du hast recht. Das Junge wird bald vor Hunger schreien, und dann kommen die Alten und fallen gleich beide in die Grube. Der Teufel soll mich holen, wenn wir morgen früh nicht wenigstens vier schöne lange Elefantenzähne haben... ha... ha... haah...!»
Die Jäger deckten die Äste wieder über die Grube und scharrten ein wenig Erde darüber.

Dann hängten sie die Gewehre wieder über die Schultern und stapften davon.
«Jetzt ist keine Zeit mehr zu verlieren», sagte sich das kleine Hü.
Ganz leise rollte es zu Jumbito, der unten in der Grube stöhnte.
«Nun sei schön still», sagte Hü. «Ich will dich herausgraben. Heute abend kommen die Jäger zurück. Bis dann mußt du hier heraus sein.»
«Wie soll ich hier herauskommen», jammerte Jumbito. «Ich werde hier sterben, und mein Papa wird auch noch in das Loch fallen.»
Und er schluchzte und wischte sich mit dem Rüssel die Tränen aus den Augen.
Da nahm Hü aus seinem Bauch den Schokoladetaler, den es von der kleinen Prinzessin Lenchen bekommen hatte.
«Hier hab ich etwas Gutes für dich», tröstete es. «Aber nun sei schön still. Es wird schon alles gut gehen. Und heute abend sind wir bei deinem Papa und bei der Mama.»
Dann sagte Hü kein Wort mehr. Es begann mit den Rädchen zu scharren, daß die Erde in großen Schollen in das Loch hinunterflog. Langsam füllte sich die Grube mit Sand und Steinen, und vom Jumbito war fast gar nichts mehr zu sehen.
«So, jetzt steh einmal auf», sagte Hü und verschnaufte ein wenig. «Und trample ein bißchen auf der Erde herum, dann wird sie schön fest... so... siehst du, wenn wir so weitermachen, kommst du noch vor dem Abend aus dem schlimmen Loch heraus.»
Da faßte Jumbito neuen Mut. Und Hü grub weiter und weiter.
«Wenn nur die bösen Jäger nicht plötzlich zurückkommen. Dann ist alles verloren!» dachte es im stillen. Aber die Jäger waren weit weg und sahen nach

den andern Gruben. Daß sie auf den kleinen Elefanten aufpassen müßten, das kam ihnen gar nicht in den Sinn.

«Der liegt ja sicher in seinem Loch», dachten sie. Wie hätten sie auch ahnen können, daß ein kleines hölzernes Pferdchen drauf und dran war, Jumbito zu befreien?

Die Sonne stand schon tief am Himmel und verschwand bald hinter den hohen Bäumen. Und noch immer fehlte ein ganzes Stück.

«Das ist ja beinahe wie im Bergwerk, damals, als ich mit den Pferden verschüttet war», dachte Hü. Aber da hatte es sich ja auch herausgescharrt. Warum sollte ihm die Rettung von Jumbito jetzt nicht gelingen?

Hü drehte seine Rädchen schneller und schneller, und immer mehr Erde flog in die Grube hinunter.

«Nun versuch es!» sagte es leise zu Jumbito. «Wenn wir nicht rasch machen, kommen die Jäger. Dann werden sie uns sicher totschießen.»

Jumbito stellte sich auf seine drei gesunden Beine und versuchte hinaufzuklettern. Hü hatte wirklich einen schönen Ausgang in den Boden gegraben. Fast war der kleine Elefant oben angekommen, da verlor er wieder das Gleichgewicht und purzelte rückwärts in das Loch zurück.

«Ich habe es ja gesagt, es geht nicht», klagte Jumbito. «Au, mein armes Bein!»

Aber Hü wußte Rat. Es rollte schnell in den Wald und kam mit einem langen Stecken zurück.

«Da halt dich fest mit deinem Rüssel», sagte Hü. Und es faßte am andern Ende der Stange und zog und zog aus Leibeskräften, daß sich die Rädchen tief in den Boden eingruben.

Und nun kam Jumbito heraus, langsam, Schritt für Schritt, bis er oben auf sicherem Boden stand.

Hü war überglücklich. Es horchte in den Wald hinein, ob die Jäger vielleicht im Anzug waren. Aber da hörte man nichts als das Kreischen der Papageien und das Schreien von ein paar Affen.

So machte sich das Rößlein mit dem kleinen Elefanten auf den Weg. Sie mußten ganz langsam gehen, denn Jumbito humpelte elend auf seinen drei Beinen.

Endlich kamen sie zu dem Palmenhain, wo sie am Morgen Verstecken gespielt hatten. Da hörten sie lautes Stampfen und Schnaufen. Es war Jumbo.

Er hatte Angst bekommen, weil Hü und Jumbito so lange ausgeblieben waren.

Da erzählte Hü, was sie mit der Falle der bösen Jäger erlebt hatten.

«Das Rößlein hat mich ganz allein herausgegraben», nickte Jumbito.

«Du bist doch unser Glück, kleines Hü», sagte Jumbo und streichelte das Pferdchen. «Wenn du nicht wärst, dann hätten uns die Jäger sicher erwischt, oder Jumbito wäre in der Falle verhungert.»

Und Jumbo packte seinen kleinen Sohn mit dem Rüssel und trug ihn nach Hause. Hü rollte hintendrein und war froh, daß es den guten Jumbo vor einem großen Leid bewahrt hatte.

«Was werden die Jäger für Augen machen, wenn sie die Grube leer finden», lachte Hü.

Aber Jumbo sagte nachdenklich:

«Es ist eine schlimme Geschichte, daß die Jäger so nahe zu uns herangekommen sind und ihre Fallen graben. Wir müssen einen großen Kriegsrat zusammenrufen. Dann hören wir vielleicht auch, was wir für dich tun können. Du sollst doch so schnell wie möglich zu Onkel Peter zurückkehren.»

So legten sich die Elefanten und das Rößlein todmüde schlafen. Die ganze Nacht träumte Hü davon, wie es mit Jumbo und seiner Familie zu Onkel Peter zog und wie lustig sie es miteinander hatten.

Hü wandert durch die Wüste

Schon am nächsten Tag trafen die Elefanten aus dem ganzen großen Wald zusammen. Hü hätte nie gedacht, daß da so viele Elefanten hausten. Das waren fast mehr als es Leute gab in Onkel Peters Dorf. Lange berieten sie, was sie gegen die Jäger machen könnten. Und dann sagte Jumbo:
«Liebe Elefantenfreunde. Ihr kennt meinen kleinen Freund Hü. Ich habe euch ja schon oft erzählt, wie wir zusammen übers Meer gefahren sind und wie ich später mit ihm im Zirkus spielte. Gestern nun hat Hü meinen Sohn Jumbito aus der Grube der Jäger gerettet, und wir schulden ihm dafür großen Dank. Ich weiß, der einzige Wunsch des kleinen Hü ist der: möglichst schnell zu Onkel Peter zurückzukehren. Das ist ein weiter Weg, und wir müssen dem Rößlein wenigstens ein Stück weiterhelfen. Am liebsten würde ich es selbst bis nach Hause begleiten, aber das geht leider nicht, und jetzt schon gar nicht, wo die fremden Jäger wieder in der Nähe sind. Wer weiß einen Rat?»
Da hob ein alter, grauer Elefant den Rüssel. Das war das Zeichen, daß er sprechen wollte.
«Lieber Jumbo», sagte er. «Unser Hü will also zum Meere wandern. Dann ist es wohl das beste, wir geben es der Kamelkarawane. Die Kameltreiber sind unsere Freunde, und morgen beim Vollmond sollen sie zur Tränke an den Weg zur Wüste kommen. Ich will Hü gern dorthin begleiten.»
Da wußte Hü, daß es nun von den Elefanten Abschied nehmen mußte. Nur zu gern wollte es zu Onkel Peter zurückkehren, aber es tat ihm doch leid, den

guten Jumbo und seine Familie und all die freundlichen Elefanten zu verlassen. Am nächsten Morgen nahm das Rößlein Abschied. Jumbo selber wollte es zum Wüstenweg bringen. Jumbito kam nur ein kleines Stück Weges mit. Seine Mama hatte ihm das verstauchte Bein mit großen Blättern gut verbunden, aber er humpelte immer noch recht stark.

Bis am Mittag wanderte Hü mit Jumbo durch den Urwald und über weite Wiesen. Dann kamen sie zu einem großen Teich. Und da hörte der Urwald auf. Weit und breit sah man keinen Baum und kein Gras mehr. Alles war nur Sand und wieder Sand.

«Dort weit drüben ist das Meer, acht Tage hinter der Sandwüste», sagte Jumbo. Und sie brauchten nicht lange zu warten. Noch bevor die Sonne unterging, tauchten am Horizont ein paar schwarze Punkte auf. Sie wurden immer größer und größer, und in einer Stunde war die Kamelkarawane bei dem Teich angekommen, wo Hü und Jumbo warteten.

Jumbo kannte den Karawanenführer gut. Mit ihm war er ans Meer gezogen, als er zum Zirkusdirektor ging, um im Zirkus zu spielen. Nun bat er ihn, er möchte doch so lieb sein, das Rößlein Hü zum Hafen zu begleiten. Er wollte ihm dafür zur nächsten Reise einen großen Haufen Kokosnüsse sammeln. Der Karawanenführer war ein brauner Mann mit einer langen Nase und mit einem hohen weißen Turban auf dem Kopf. An der Seite trug er einen breiten krummen Säbel. Aber er war nicht böse, wie er beim ersten Anschauen aussah.

«Das Rößlein soll nur mit uns kommen», sagte er. «Und wenn alles gut geht, kann es schon in acht Tagen seine Fahrt übers Meer antreten. Wir reiten geradewegs zum Meerhafen, dort wollen wir unsere Datteln und Kokosnüsse verkaufen.»

So begann die Reise durch die Wüste. Am Morgen tranken sich die Kamele noch einmal voll mit Wasser. Denn nun kamen sie ein paar Tage an keiner Quelle und an keinem Brunnen mehr vorbei. Stunde um Stunde wanderte die Karawane in der brütenden Sonne. Der Sand war so heiß, daß man darin hätte Kartoffeln braten können. Aber die Kamele waren daran gewöhnt. Sie konnten tagelang in der Sonne laufen mit ihren schweren Lasten und den Reitern auf dem Rücken, und sie bekamen doch keinen Durst. Nur die Kameltreiber griffen von Zeit zu Zeit zu ihren Wasserschläuchen, nahmen einen großen Schluck und wischten sich den Schweiß von der Stirne.
Das ging fünf Tage ganz gut, bis eines Abends der Karawanenführer die Kamele anhalten ließ. Die Kameltreiber begannen aufgeregt zu sprechen und wie gebannt starrten sie nach dem Sonnenuntergang, dorthin, wo das Meer liegen mußte. Sahen sie vielleicht schon von weitem die Hafenstadt, von der sie immer erzählten, bei Tag und bei Nacht?
Nein, da war nichts zu sehen als eine dicke schwarze Wolke, die langsam größer wurde und immer näher kam.
«Wunderbar!» sagte Hü zu den Kameltreibern. «Da kommt ja der Regen. Dann haben die armen Kamele doch endlich frisches Wasser zu trinken.»
Aber die Kameltreiber schüttelten den Kopf:
«Das ist keine Regenwolke. Hier in der Wüste regnet es doch das ganze Jahr nicht. Das ist ein Sandsturm.»

Und kaum hatten sie das gesagt, da brauste auch schon der erste Windstoß über die Kamele hin und riß dem Karawanenführer den weißen Turban vom Kopf.

«Schnell die Kamele abladen!» hörte Hü ihn noch rufen. Aber sehen konnte es schon nichts mehr. Der Wind hatte ihm die Augen voll Sand geblasen, und als es sie wieder aufmachen konnte, da war es ringsum ganz dunkel geworden. Und der Sand flog so dicht in der Luft herum wie die Schneeflocken im schlimmsten Schneegestöber. Das Rößlein rief nach den Kamelen und nach den Kameltreibern. Aber im Brausen des Sturmes hörte man sein eigenes Wort nicht mehr.

Da wurde Hü ganz angst und bange. Es rollte hierhin und dorthin und wollte die Kamele suchen gehen. Aber es fand niemanden. Und endlich konnte es keinen Schritt mehr weiter machen. Der Sand hatte seine Rädchen verstopft, und es konnte sie gar nicht mehr drehen, da mochte es sich anstrengen wie es wollte. Und immer mehr Sand wehte der Sturm heran. Schon sah man nichts mehr von Hüs Rädchen. Dann verschwanden auch seine Beine und der Bauch. Umsonst schrie das Pferdchen um Hilfe: der Sturm brauste weiter. Bald war Hü ganz und gar verschwunden. Es lag tief verweht unter dem Sand. Ganz dunkel war es da, und das kleine Rößlein sah und hörte nichts mehr. Es versuchte sich loszuzappeln und zu schreien. Aber sein Maul füllte sich mit Sand, es begann fürchterlich zu husten und zu keuchen und war schon am Ersticken. «Nun hat mich der Sand lebendig begraben!» klagte das Rößlein. «Soll ich denn wirklich meinen alten Onkel Peter nicht mehr wiedersehen?»

Schon wollte Hü die Hoffnung aufgeben, da hörte es über sich ein Kratzen und

Scharren. Wer mochte ihm da zu Hilfe kommen? Oder war das vielleicht ein Löwe oder ein Leopard, der etwas zu fressen suchte.

Das Scharren ging weiter, und dann mußte Hü die Augen zukneifen, so hell wurde es mit einem Mal.

«Da haben wir ja unser Rößlein wieder gefunden!» sagte eine Stimme. Und als Hü die Augen aufschlagen konnte, sah es die Kamele und die Kameltreiber rings herumstehen. Alle hatten ganz rote Augen, und die Tränen rannen ihnen herunter von dem vielen Sand. Aber der Sturm war vorbei, und es war sonst nichts Schlimmes passiert. Nur das Gepäck und die Traglasten lagen noch tief unter dem Sand begraben.

«Wir haben Glück gehabt, daß der Sturm so schnell vorbeigegangen ist.

Sonst hätte es uns schlimm ergehen können», sagte der Karawanenführer. «Und am meisten Glück hatte das kleine Hü. Wir glaubten schon, der Wind habe dich weit, weit fortgeblasen.»

Hü dankte dem Kamel, das es gefunden und aus dem Boden gescharrt hatte. Und die Kameltreiber gruben ihr Gepäck aus dem Sand und schlugen die Zelte auf, um nach dem schweren Tag die verdiente Ruhe zu genießen.

Die Karawane verirrt sich

Am nächsten Morgen zog die Karawane weiter. Hü lief neben den Kamelen her und plauderte bald mit diesem, bald mit jenem. Auch die Kameltreiber hatten das kleine Rößlein gern. Mit einem solchen Pferdchen waren sie noch nie gereist. Es wußte so viel zu erzählen, was es in aller Welt erlebt hatte. Die Kameltreiber kannten ja nur die Wüste und höchstens noch die Hafenstadt und ein wenig vom Urwald.
Plötzlich hielt der Karawanenführer die Kamele an.
«Das soll der Geier holen, da sind noch immer keine Spuren. Sicher sind wir schon weit vom Wege abgekommen», sagte er und runzelte die Stirne. Der Sandsturm hatte die Wegspuren verwischt. Jetzt kannten sich die Kameltreiber nicht mehr aus. Da waren neue Sandhügel entstanden und die alten Dünen waren verschwunden. Der Sandsturm hatte alle ganz durcheinander gebracht. Aber da nützte kein langes Überlegen. Die Kameltreiber mußten den Weg finden, sonst würden sie allesamt in der Wüste verdursten.
«Ziehen wir noch einen Tag geradeaus. Vielleicht finden wir dort die alten Spuren wieder!» befahl der Karawanenführer. Und so trabten sie weiter voran. Aber es wurde Abend, und von einem Weg war noch nichts zu sehen.
«Versuchen wir es einmal nach rechts», sagte der Karawanenführer am nächsten Tag. Und wieder wanderten sie mühselig unter der glühenden Sonne dahin. Aber den Weg fanden sie nicht. Am Abend kamen sie zu einem hohen felsigen Gebirge. Und da ging es erst recht nicht mehr voran.

«Wir hätten schon lange nach links abschwenken sollen!» meinte einer der Kameltreiber. «Die Kamele schnupperten immer nach links hinüber.»

«Das erzählst du erst jetzt?» schimpften die andern. «Das hättest du uns schon lange sagen sollen. Oder willst du uns zum Narren halten?»

«Ruhe!» rief da der Karawanenführer. «Das fehlte gerade noch, daß ihr anfangt zu streiten.» Und er befahl umzukehren und das Glück in der andern Richtung zu versuchen.

Aber weit kam die Karawane nicht mehr. Auf dem langen Irrweg hatten die Kameltreiber die Wasserschläuche ganz geleert, und die Kamele hatten nun schon mehr als eine Woche nichts zu trinken bekommen.

«Es bleibt nichts anderes übrig», seufzte der Karawanenführer, «wir müssen hier ein Lager aufschlagen und noch einmal nach allen Seiten suchen.»

Die Kameltreiber sagten kein Wort mehr, und auch Hü wurde ganz still. Der Karawanenführer ließ eine Kiste mit süßen Datteln aufbrechen. Die hatte er in der Hafenstadt verkaufen wollen; aber nun war der Reiseproviant aufgebraucht, und sie hatten nichts anderes mehr zu essen. Doch niemand wollte von den Datteln haben. Allen klebte vor Durst die Zunge am Gaumen, denn sie hatten den ganzen Tag nichts getrunken, und in den Wasserschläuchen war kein Tropfen mehr.
Am nächsten Tag schickte der Karawanenführer die Leute nach allen Seiten aus. Jedem zeigte er die Richtung, wo er nach dem Wege suchen sollte.
«Da muß auch eine Oase liegen in der Nähe, mit einem großen Brunnen und mit vielen Palmen. Als ich noch jung war, da haben wir uns auch einmal verirrt, und wir fanden endlich diese Oase. Das kann gar nicht so weit weg sein.» So versuchte er seine Leute zu trösten.
Doch wo mochte die Oase liegen? Weit und breit sah man nichts als gelben Sand und wieder Sand.
Auch das Rößlein Hü wollte helfen, den Weg zu suchen. Aber das mochte der Karawanenführer durchaus nicht haben.
«Bleib du hier im Lager», sagte er. «Wenn du verlorengehst, dann finden wir dich in der großen Wüste niemals wieder.»
So blieb Hü im Lager und schaute den ganzen Tag nach allen Seiten aus. Am Abend kamen die Kameltreiber zurück und hatten keinen Weg und keine Spur gefunden. Sie krochen in ihre Zelte, ganz mager und blaß und müde. Nun schien wirklich alles verloren. Kein Weg, keine Oase, kein Wasser und nichts mehr zu essen.

Die ganze Nacht machte Hü kein Auge zu. Da hörte es, wie die Kameltreiber berieten.

«Morgen müssen wir eines der Kamele schlachten», sagte einer. «Jetzt ist ihr Fleisch noch saftig. Nur so können wir am Leben bleiben.»

Hü erschrak heftig, und sein Entschluß war gefaßt. Als der Morgen graute, rollte es zum Karawanenführer.

«Deine Leute wollen ein Kamel schlachten», sagte es. «Das habe ich in der Nacht gehört. Bitte, tut das nicht. Habt noch einen Tag Geduld. Nun will ich es einmal versuchen. Vielleicht habe ich mehr Glück und finde den richtigen Weg oder eine Oase, wo wir Wasser schöpfen können.»

Der Karawanenführer lag trübselig in seinem Zelt und nickte nur schwach. Da machte sich Hü auf. Es rollte mutig voran, hügelauf und hügelab. Manches Mal blieb es beinahe stecken in dem weichen, tiefen Sand. Aber immer raffte es sich wieder auf und wanderte weiter und weiter. Von einem Weg oder von einem Palmenhain war jedoch weit und breit nichts zu sehen.

Als Hü wieder einmal zur Sonne hinaufschaute, um zu sehen, wie spät es wohl sein mochte, blieb es vor Staunen plötzlich stehen. Da flogen zwei Störche mit mächtigem Flügelschlag am Himmel dahin. Hü begann laut zu wiehern und zu schreien. Aber die Störche hörten nichts, sondern flogen hoch über das Rößlein hinweg und davon.

«Wunderbar!» jauchzte Hü. «Wo die Störche hinfliegen, da muß sicher etwas Gutes zu finden sein.»

Und es rollte weiter, genau in der Richtung, wohin die Störche geflogen waren. Und wirklich! Hü hatte sich nicht getäuscht. Nach wenigen Stunden sah es ganz weit weg eine dünne schwarze Rauchsäule aufsteigen. Da verdoppelte es seine Anstrengungen und rollte drauflos, was seine Rädchen hergaben. Nicht lange ging es, da konnte es schon die Palmwipfel sehen: es hatte die Oase gefunden.

Da legte sich das Rößlein zuerst einmal in den Schatten einer großen Palme. Es hatte sich todmüde gelaufen, und der Schweiß lief ihm in dicken Tropfen über die Backen. Als es ausgeruht hatte, machte es sich auf die Suche nach dem Brunnen.

Hü brauchte nicht weit zu gehen. Unter ein paar hohen Dattelpalmen fand es eine kleine Hütte, und davor lag jemand in einer Hängematte und schnarchte laut. Da waren also Menschen! Hüs kleines Herz pochte laut vor Freude. Sicher gab es hier für die Kameltreiber und die Kamele zu essen und zu trinken, und gewiß konnten ihnen die Leute auch den Weg zum Meer zeigen. Das Rößlein rollte auf den Mann. Der lag in der Hängematte und rührte sich nicht. Hü stieß ihn sanft mit der Nase an. Aber der Mann schnarchte weiter. Da stupfte ihn das Rößlein stärker und wieherte laut dazu. Langsam begann die Hängematte hin und her zu schaukeln, und der Mann schnaufte tief.

«Wer ist da?» fragte er, und mit einem Ruck setzte er sich auf.

Beinahe wäre Hü vor Schreck tot umgefallen. Es war wieder ein Neger, schwarz wie Kohle! Er rieb sich die Augen und starrte das Rößlein an. Aber bevor er nur ein Wort sagen konnte, machte Hü rechtsumkehrt und raste davon, als hätte es den wahrhaftigen Teufel gesehen. Es wagte nicht mehr den Kopf umzudrehen, bis es wieder weit draußen in der Wüste war und endlich doch einmal Atem holen mußte.

Gottlob! Der Neger war ihm nicht nachgelaufen! Hü keuchte von der ausgestandenen Angst, und die Beine schlotterten ihm so sehr, daß seine Rädchen laut klapperten.

Da stand es nun in der brennenden Sonne und hätte am liebsten losgeweint. Aber auf der langen Reise durch die heiße Wüste waren ihm die Tränen ganz ausgetrocknet.

«Was fange ich nun an?» schluchzte das Rößlein. «In der Wüste liegen die Kamele und die Kameltreiber und verdursten. Aber in die Oase getraue ich mich nicht, da werden mich die Neger sicher einfangen und braten! Oh, wäre ich doch nie von Onkel Peter weggegangen!»

Ratlos ließ Hü den Kopf hängen und schloß vor Verzweiflung die Augen.

Wie lange es so im Sande stand, wußte das Rößlein nicht zu sagen.

«Ei, sieh das kleine Zebra!» hörte es plötzlich jemanden rufen. Hü fuhr zusammen.

«Nein, das ist kein Zebra, das ist ein richtiges Pferdchen!» sagte eine andere Stimme.

Und bevor sich Hü recht besinnen konnte, war es von einer Schar kleiner schwarzer Negerkinder umringt.

«Laßt mich in Ruhe!» schrie es und wollte davonfliehen. Aber es konnte nicht schnell laufen in dem tiefen Sand, und die kleinen Negerbuben holten es bald ein.

«Laßt mich los!» rief Hü wieder und zitterte am ganzen Leibe. Aber die Negerbuben hielten es fest und fragten:

«Was hast du denn? Wir tun dir doch nichts!»

«Doch! Ihr wollt mich braten und aufessen!» schluchzte Hü und wollte sich losreißen.

Da brachen die Kinder in helles Gelächter aus.

«Was hat es gesagt?» lachten sie. «Aufessen? Wir essen doch keine Pferdchen auf! Und schon gar nicht so ein hübsches Pferdchen wie du eines bist!»

«Wirklich nicht?» fragte Hü mißtrauisch. «Was eßt ihr denn?»

«Oh, alles mögliche», antworteten die Buben. «Da gibt es viel Datteln und Bananen, Orangen und Mandarinen, und wenn wir Durst haben, trinken wir frische Kokosmilch.»

«Und Wasser habt ihr auch?» fragte Hü.

«Wasser? Natürlich haben wir Wasser», sagten die Kinder. «In unserem Dorf hinter dem Palmenhain ist ein tiefer Brunnen in den Boden gegraben. Da schöpfen unsere Mamas immer frisches Wasser heraus zum Kochen und zum Waschen. Komm doch mit uns, dann zeigen wir dir alles. Und du kannst auch essen und trinken so viel du willst!»

Da wurde Hü froh zumute. Mit den Negerkindern rollte es zur Oase zurück. «Woher kommst du? Wie heißt du denn? Und wem gehörst du?» fragten die Negerlein durcheinander, daß das Rößlein kaum antworten konnte. So kamen sie zu der Hütte, wo Hü so furchtbar erschrocken war. Und auch jetzt bekam es wieder Angst, und als der große Neger auf das Pferdchen zukam, schlotterten ihm doch ein wenig die Rädchen. Aber der schwarze Mann sah ganz freundlich drein.

«Du hast mich ja ordentlich erschreckt, kleines Rößlein», lachte er, daß Hü seine weißen Zähne sehen konnte. «Ich glaubte zu träumen, wie ich dich so plötzlich vor meiner Hängematte stehen sah. Warum bist du denn so schnell davongelaufen?»

Da schämte sich Hü, daß es so ein Angsthase gewesen war. Und es erzählte dem großen Neger und den kleinen Negerlein, wie es ihm im Urwald ergangen war und wie Owambo es braten und aufessen wollte. Da waren sie sehr traurig. Sie streichelten das Pferdchen und versuchten es zu trösten.

«Ja, solche Neger wie Owambo gibt es leider auch», sagte der alte Schwarze. «Böse Menschen gibt es in schwarz und weiß. Aber glaub nicht, daß wir alle so sind wie Owambo und seine Leute. Die wollen nicht arbeiten und müssen sich ihr Essen zusammenstehlen. Bei uns ist es anders. Wir leben hier in einem großen Dorf, gleich hinter dem Palmenhain. Da nehmen wir alle Wüstenwanderer auf, die bei uns einkehren.»

«O ja», rief das Rößlein eifrig. «Darum bin ich ja hergekommen. Dort draußen in der Wüste sind meine Freunde, die Kamele und die Kameltreiber. Wir haben uns nach dem großen Sandsturm verirrt, und nun sind sie alle am Verdursten, wenn ihnen nicht schnell geholfen wird.»

Das brauchte Hü nicht zweimal zu sagen. Gleich lief der alte Neger zur Hütte und begann mit den flachen Händen eine hohe Trommel zu schlagen:

«Bum – bum – bum ... bum – bum – bum ...»

Erst als er eine gute Weile so getrommelt hatte, kam er wieder zu Hü zurück. «Ich bin der Wächter hier am Oasenrand», sagte er, «wenn Gefahr ist, oder wenn aus der Wüste fremde Reiter auftauchen, dann schlage ich die Trommel, und die Männer der ganzen Oase hören mich und kommen hier zusammen.»

Wirklich ging es nicht lange, da tauchte ein Neger nach dem andern auf, bis der ganze kleine Platz vor der Hütte von Leuten wimmelte. Alle begrüßten das Rößlein freundlich und staunten es an wie ein Wundertier.

«Wir dürfen keine Zeit verlieren!» sagte aber der alte Neger ernst. «Da draußen in der Wüste hat sich eine Karawane verirrt und ist am Verdursten. Es ist ein Glück, daß das kleine tapfere Rößlein unsere Oase gefunden hat. Heute noch müssen wir den Leuten Hilfe bringen.»

Ohne ein Wort mehr zu sagen, zog die ganze Negerschar los. Sie nahmen Hü in die Mitte und gingen schnell durch den Palmenwald weiter in die Oase hinein. So kamen sie zum Dorf. Rings um einen weiten Platz standen die Hütten der Neger, und in der Mitte des Platzes war der Ziehbrunnen. Einer nach dem andern kamen die Männer, zogen das Wasser aus dem Brunnen und füllten einen großen Topf. Andere brachten Körbe voll Orangen und Kokosnüsse. Und dann ging der Marsch los in die Wüste hinaus. Die Neger trugen die schweren Töpfe und die Körbe auf dem Kopf, und auch Hü wollte einen Korb mit süßen Früchten tragen.

Der Weg war nicht schwer zu finden. Hü folgte der Spur, die seine Rädchen im Sand zurückgelassen hatten, und bevor es Abend wurde, fanden sie das Lager der Karawane.

Aber kein Mensch war da zu sehen. Die Kamele lagen neben dem Gepäck. Sie konnten sich kaum mehr bewegen. Und die Kameltreiber hatten sich in ihre Zelte verkrochen und waren halbtot vor Hunger und Durst und Hitze. Hü wieherte laut, und da schlug einer der Kameltreiber die Augen auf.

«Nichts gefunden?» seufzte er schwach. Aber dann sah er die Neger mit den Wassertöpfen und Körben. Da sprang er auf und rief die andern Kameltreiber. Ihr könnt euch vorstellen, was das für eine Freude war. Hü verteilte das Wasser aus den Töpfen an alle Kamele und an die Kameltreiber, und es war schwer zu erraten, wer von ihnen mehr Durst hatte. Nun mochten sie auch wieder essen und plaudern.

Und Hü mußte sofort erzählen, wie es die Oase gefunden und wie gut es die Neger mit ihm gemeint hatten. So plauderten sie zusammen bis tief in die Nacht hinein. Als der Mond aufging, brachen sie die Zelte ab, beluden die Kamele und wanderten der Oase zu.

Noch vor Morgengrauen kamen sie in dem Dorfe an. Da brachten die Negerfrauen noch mehr zu essen: Orangen, Mandarinen, Ananas und Bananen in

Hülle und Fülle. Auch Fleisch und Eier und frische Kokosmilch ließ der alte Neger herbringen, und die Kamele fraßen Bananenblätter und weideten im saftigen Grase, das rings um den Brunnen in Mengen sproß.

Drei Tage lang ruhten sie sich in der Oase aus, bis alle wieder bei Kräften waren. Dann zeigten ihnen die guten Neger den Weg zum Meer.

«Haltet hier geradeaus, dann könnt ihr nicht fehlgehen», erklärten sie. «In drei oder vier Tagen seid ihr in der Hafenstadt. Und wenn ihr Lust habt, so macht wieder einmal den kleinen Umweg hierher und kommt uns besuchen.»

Auch dem Rößlein Hü wünschten sie eine gute Reise.

«So einen kleinen tapferen Kerl haben wir im Leben noch nicht gesehen», sagten sie. «Schade, daß du nicht bei uns bleiben kannst. Aber sicher wirst du deinen Weg finden, heim zu Onkel Peter.»

Hü erhält einen neuen Schwanz

Nun war es leicht ans Meer zu reisen. Die Kamele und die Leute hatten bei den guten Negern nach Herzenslust gegessen und getrunken und drei Nächte lang geschlafen vom Abend bis zum Sonnenaufgang. Jetzt zogen sie weiter durch die Wüste, allen voran das Rößlein Hü.
Und es war wie der alte Neger gesagt hatte. Am Abend des dritten Tages erreichten sie das Meer.
Hü kam aus dem Staunen nicht heraus. In einer so prächtigen Hafenstadt war es in seinem Leben nicht gewesen. Mit dem Karawanenführer ging es spazieren, und es konnte sich nicht sattsehen an den vielen Leuten, die auf den Straßen herumstanden. Da gab es weiße und braune und schwarze Männer und sogar ein paar gelbe Chinesen. Aus der ganzen Welt waren sie zu der Hafenstadt gekommen. Alle hatten etwas zu verhandeln und feilschten laut miteinander. Denn wer etwas zu verkaufen hatte, wollte möglichst viel Geld dafür bekommen, aber die Käufer rückten mit ihren Gold- und Silberstücken nicht gern heraus.
Auch der Karawanenführer machte gute Geschäfte. Er fand bald einen braunen Händler, der ihm die Kisten und Säcke mit den Datteln und Kokosnüssen abkaufte.
«Jetzt kannst du übers Meer fahren», sagte er zum Rößlein Hü. «Wir wollen sehen, ob wir ein Schiff finden, das dich mitnimmt. Aber vorher möchte ich dir noch einen Wunsch erfüllen. Du hast in der Wüste die Oase der guten

Neger gefunden und uns alle gerettet. Nun wünsche dir, was du willst, für dich oder für den Onkel Peter.»

«Was soll ich mir wünschen?» erwiderte Hü. «Ich habe doch alles, was ich brauche. Und auch dem Onkel Peter wird nichts fehlen. Ich bringe ihm ja die Dukaten und Silbertaler nach Hause, die ich für die vierundzwanzig Rößlein bekommen habe: vom Vater des kleinen Mädchens, vom Schatzmeister des Königs, vom Zirkusdirektor, vom Spielwarenhändler und vom reichen Herrn, und auch die Taler vom Kapitän, für den wir auf dem Schiff gearbeitet haben. Was soll ich mir also wünschen? Ihr müßt doch auch selber so vieles kaufen für die lange Reise durch die Wüste.»

Aber davon wollte der Karawanenführer nichts wissen. Und auch die Kameltreiber sagten:

«Du mußt dir etwas wünschen, sonst lassen wir dich gar nicht gehen.»

«Ja», antwortete das Rößlein. «Wenn ich wirklich soll, dann will ich mir gern etwas wünschen. Ihr seht, wie mir die Neger im Urwald die Mähne und den Schwanz abgebrannt haben. Wenn Onkel Peter das sieht, wird er sehr traurig sein. Bitte, laßt mir doch eine neue Mähne und einen neuen Schwanz machen.»

«Hurra!» riefen die Kameltreiber. «Unser Hü soll einen neuen Schwanz bekommen!» Und auch die Kamele freuten sich sehr, denn ein hölzernes Pferdchen ohne Schwanz sieht doch gar zu elend aus.

So zogen sie alle durch die Stadt, vom Rande der Wüste bis hinunter zum Hafen. Überall fragten sie:

«Wo wohnt denn hier ein Spielzeugmacher?»

Aber nirgendwo konnten sie einen Spielzeugschnitzer finden. Denn hier hatten die Kinder keine Puppen. Sie spielten nur mit kleinen Äfflein und winzigen Schildkröten.

«Was sollen wir machen?» sagten die Kameltreiber. «Hier gibt es keinen Spielzeugschnitzer, der uns helfen könnte. So schenken wir dem Rößlein eben einen Taler. Dann kann es später selber den Schwanz und die Mähne einsetzen lassen.»

Doch da machte Hü ein ganz trauriges Gesicht. Und der Karawanenführer sagte:

«Nein, so wollen wir das kleine Hü nicht weiterziehen lassen. Schaut nur, wie traurig es aussieht. Was meint ihr: wollen wir das Rößlein nicht selber zurechtmachen?»

Da suchten sie weiter, und schon in der nächsten Straße fanden sie einen Schreiner. Den baten sie um ein Töpflein Leim. Im Hause daneben wohnte ein Maler. Der schenkte ihnen ein wenig Farbe: weiße, blaue, grüne, rote und schwarze. Auch seine Pinsel lieh er den Kameltreibern gern.

Aber Pferdehaare? Die konnten sie mit dem besten Willen nicht finden. Die Kamele wollten dem kleinen Hü gern von ihren Haaren geben. Doch damit war das Rößlein gar nicht einverstanden.

«Eure Haare sind ja wunderschön weich», sagte es. «Aber ich bin doch kein Kamel. Ich bin ein Pferdchen. Und mein Schwanz und meine Mähne müssen aus richtigem Pferdehaar sein. Was würde Onkel Peter sagen, wenn ich mit einem Kamelschwanz heimkäme?»

Sie gingen weiter durch die Stadt. Aber überall trafen sie nur Kamele und ein paar Esel.

«Gibt es denn hier gar keine Pferde?» fragte der Karawanenführer einen Polizisten.

«Pferde?» sagte er. «Doch, dort ganz am andern Ende der Stadt, da ist ein Rennstall. Dort kann man euch vielleicht helfen.»

So zog die ganze Karawane durch die Stadt bis ans andere Ende. Dort fanden sie den Rennstall mit zwanzig Rennpferden. Sie waren beinahe so prächtig wie die Pferde des Königs, bei dem Hü damals das Rennen gewonnen hatte. Und alle waren eben eifrig am Fressen.

Hü wartete geduldig, bis sie sich sattgegessen hatten. Dann wieherte es laut und scharrte mit den Rädchen auf dem Boden.

«Was ist das? Ein neues Pferd im Stall!» riefen die Rennpferde und warfen die Köpfe herum. «Was willst du hier?»

«Ich bin das Rößlein Hü!» sagte das Pferdchen. «Ich möchte euch um einen großen Gefallen bitten. Owambo im Urwald hat mir Schwanz und Mähne abgebrannt. Seht nur her, wie er mich zugerichtet hat. Würde mir wohl einer von euch ein wenig Haare geben? Bitte, bitte! Dann können mir die Kameltreiber eine neue Mähne und einen neuen Schwanz einsetzen.»

Das wollten die Rennpferde gerne. Aber zuerst sollte ihnen Hü erzählen, woher es kam und was es in der Welt alles gesehen hatte: von Onkel Peter und dem alten Weiblein, von Jumbo, vom Zirkusdirektor, vom König und seinen Rennpferden und endlich von seinen Abenteuern mit den Affen und den bösen Negern.

Schon war es Abend geworden; der Wärter kam wieder und brachte Hafer für die Rennpferde. Da sagte Hü:

«Nun muß ich aber gehen. Die Kameltreiber müssen sich ja auch wieder zur Reise rüsten.»

«Von wem willst du die Haare haben?» fragten die Rennpferde. Sie hatten das kleine Hü so lieb gewonnen, daß jedes gern seine Haare hergeben wollte. Doch da war guter Rat teuer. Denn ein Pferd war schöner als das andere, und ihr Fell glänzte, daß man sich darin beinahe spiegeln konnte. Da waren Schimmel weiß wie Schnee, rote Füchse, grauweiße Apfelschimmel und ein pechschwarzer Rappe. Hü rollte hin und her und konnte sich kaum entschließen. «Ich glaube, ein schwarzer Schwanz steht mir am besten», sagte Hü nach langem Überlegen. «Auch Onkel Peter hatte mir ja einen schwarzen Schwanz und eine schwarze Mähne gemacht.»

Da schnitt der Wärter dem schwarzen Rappen ein Büschel Haare vom Schwanz und ein Büschel von der Mähne ab. Hü dankte dem Rappen, wünschte ihm viel Glück für das nächste Pferderennen und rollte zum Stall hinaus.

Nun hatten die Kameltreiber alles, was sie brauchten, um das kleine Hü wieder schön zu machen. Die ganze Nacht saßen sie beim Lampenlicht zusammen. Der eine rieb dem Rößlein die angebrannte Farbe ab, ein anderer malte ihm einen hübschen Sattel und neue blaue Streifen, ein dritter strich die Rädchen wieder schön grün an. Aber das wichtigste waren der Schwanz und die neue Mähne. Die setzte ihm der Karawanenführer selber ein und leimte alles fest.

Hü konnte den Morgen kaum erwarten. Dann rollte es auf die Straße zum Laden des Haarschneiders. Da gab es einen Spiegel, der von der Decke bis zum Boden herunterhing.

Und Hü hätte vor Freude am liebsten einen Purzelbaum geschlagen. Denn es erkannte sich beinahe nicht wieder, so prächtig hatten es die Kameltreiber angemalt. Und die neue Mähne und der neue Schwanz wehten lustig im frischen Morgenwind.

Da rollte Hü zurück und dankte den Kameltreibern und dem Karawanenführer, weil sie es wieder so schön gemacht hatten.
«Nun werden wir für dich ein Schiff suchen», sagte der Karawanenführer. «Und dann muß ich mit den Kamelen wieder in die Wüste ziehen.»
«Meinetwegen braucht ihr nicht zu warten», antwortete Hü. «Ihr habt noch eine weite Reise vor euch und dürft keine Zeit verlieren. Ein Schiff will ich schon selber finden.»

Hü stürzt ins Meer

Hü hatte recht. Von Schiffen verstand es mehr als die Kameltreiber. So zog die Karawane in die Wüste zurück, und Hü blieb allein in der Stadt. Aber ihm war gar nicht bange. Es rollte zum Hafen, und es brauchte nicht lange zu suchen. Schon bald fand es ein Schiff, das es mitnehmen wollte, heim zum Hafen, von dem der Weg zu Onkel Peter führte.
«Einen Dukaten sollst du bezahlen, weil du so klein bist», sagte der Schiffskassier. «Es ist eine lange Reise; große Leute bezahlen sogar zehn Golddukaten.» Hü zahlte gern einen Dukaten, wenn es nur schnell zu Onkel Peter zurückkehren konnte. Sicher hatte er inzwischen noch mehr weiße Haare bekommen und ging gebückter als bisher.
«Wenn ich mich nicht beeile, dann stirbt er vielleicht bevor ich heimkomme», dachte Hü besorgt und rollte auf dem Verdeck des Schiffes auf und ab, als würde es damit schneller vorankommen.
Schon fuhr der Dampfer zum Hafen hinaus, und die Leute, die an der Landemauer winkten, waren verschwunden. Die Sonne brannte auf das Deck herunter, und die meisten Passagiere lagen unten im Schatten. Da hörte Hü plötzlich eine Stimme, die ihm ganz bekannt vorkam.
«Ja, diesmal bringen wir nur wenig Elfenbein nach Hause. Weiß der Teufel, wo sich die Elefanten alle versteckt hatten!»
Hü blieb vor Schreck beinahe das Herz stehen. Das waren die zwei Elefantenjäger! Und da hatten sie auch schon das kleine Hü entdeckt.

«Schau einmal her», riefen sie. «Von einem solchen Rößlein waren die Spuren bei der Fallgrube, aus der uns der kleine Elefant entwischt ist. Solche Rädchen waren in der Erde abgedrückt.»

Hü begann vor Angst so stark zu zittern, daß ihm die Dukaten und Taler im Bauch zu klingeln begannen. Es nahm einen Anlauf und rollte davon so schnell es konnte.

Doch das Rößlein hatte ganz vergessen, daß es auf einem Schiffe war. Und als es bremsen wollte, da war es schon unter dem Schiffsgeländer hindurchgesaust. In hohem Bogen flog es durch die Luft und klatsch – fiel es ins Wasser. Ein Matrose sah das Unglück.

«Das hölzerne Pferdchen ist über Bord gefallen!» schrie er, und schnell warf er dem kleinen Rößlein einen Rettungsring nach.

Es war zu spät. Hü zappelte und drehte seine Rädchen, um ans Land zu schwimmen. Doch das nützte alles nichts. Ja, wäre sein Bauch leer gewesen, dann hätte es wohl gut schwimmen können. Aber da lagen die vielen Gold- und Silbermünzen drin. Die zogen Hü in die Tiefe. Weiter und immer weiter versank es im grünen Meerwasser. Und als es endlich festen Boden unter den Rädchen spürte, da war es tief unten am Meeresgrunde angekommen.

So stand nun das Rößlein auf dem Meeresboden und überlegte, was aus ihm werden sollte. Schwimmen konnte es nicht, sein Bauch war ja viel zu schwer von Onkel Peters Geld. Und auf dem Meeresgrund ans Land wandern? Das war ganz ausgeschlossen. Denn ringsum war es halb dunkel, und man konnte gar nicht sehen, auf welcher Seite das Ufer lag.

Aber Hü blieb nicht viel Zeit zum Nachdenken. Denn plötzlich spürte es, wie jemand an seinem Schwanz zupfte. Erschreckt drehte es sich um. Da war ein Fisch mit großem Maul, der eben versuchte, ob er nicht ein Stück von Hü abbeißen könnte.

«Laß mich in Ruhe!» wollte Hü rufen. Aber schnell machte es den Mund wieder zu. Denn da kam kein Ton heraus, sondern sein Maul füllte sich mit scharfem, salzigem Meerwasser.

Auch der Fisch erschrak, als das Rößlein sich so schnell umdrehte. So etwas hatte er noch nie gesehen. Er machte den Mund auf und zu, schlug ein paarmal mit seinen silbernen Flossen und war verschwunden.

Nun fing Hü erst an, sich rechts und links umzuschauen. Vorsichtig rollte es hin und her und staunte, was es alles zu sehen gab. Da lagen große Muscheln im Sand, Schnecken von allen Farben krochen langsam dahin und rote

Krebse krabbelten zwischen den Steinen herum. Aber am sonderbarsten waren die Seesterne und Seeigel. An allen Seiten waren nur lauter Stacheln und Zipfel dran, und einen Kopf oder richtige Füße konnte Hü beim besten Willen nicht entdecken. Auch Schwämme wuchsen am Boden, genau die gleichen, wie sie die Kinder in der Schule zum Tafelputzen brauchten. «Was es da unten nicht alles gibt!» staunte Hü. «Das hätte ich mir gar nicht gedacht, als ich mit dem Schiff ins Meer hinausfuhr.»

Aber das war noch nicht alles. Plötzlich sah Hü ein großes Tier, einen mächtigen schwarzen Klumpen mit einer ganzen Menge von langen Armen. Und zwei große runde Augen starrten das Rößlein an, daß es wahrhaftig zum Gruseln war. Das war ein riesiger Tintenfisch. Hü konnte keinen Schritt vor- noch rückwärts mehr machen. Und der Tintenfisch kam immer näher und näher.

Es war kein Zweifel, er hatte mit Hü etwas Furchtbares vor. Denn schon streckte er seine grausigen schwarzen Arme nach dem Rößlein aus, um es zu packen. Da schnappte Hü schnell zu und biß dem Tintenfisch in einen Arm, so stark es nur konnte.

Blitzschnell zog das Untier seine Arme zurück, und dann konnte Hü plötzlich nichts mehr sehen. Der Tintenfisch hatte eine ganze Menge schwarzer Tinte ins Wasser gespritzt, und Hü wurde ganz schwarz vor den Augen.

«O weh, meine schöne neue Farbe!» jammerte Hü, machte kehrt und rannte auf dem Meeresboden davon, was seine Rädchen hergaben, vorbei an den Muscheln, Schnecken, Seesternen und Seeigeln. Und die Fische glotzten erstaunt hinter ihm drein.

Aber weit kam das Rößlein nicht. Plötzlich fühlte es, wie es von hinten gestoßen und langsam in die Höhe gehoben wurde.

Hü begann zu zappeln und die Rädchen zu drehen. Doch es gab kein Entrinnen mehr. Das Pferdchen war in ein großes Netz geraten. Da zappelten Tausende von großen und kleinen Fischen und suchten durch die Maschen zu entkommen. Fische, Krebse und Muscheln, Seesterne und Seeigel, alles lag da durcheinander wie in den großen Körben auf dem Fischmarkt. Und langsam, langsam ging es in die Höhe.

Hü klopfte das Herz ganz laut. Es wußte nicht, sollte es sich fürchten oder sollte es sich freuen. Wer hatte wohl das Netz ausgeworfen? Vielleicht die bösen Elefantenjäger? Oder waren es gute Matrosen von einem andern Schiff?

Hü fliegt mit den Störchen übers Meer

Doch Hü brauchte nicht lange zu überlegen. Mit einem Ruck wurde das Netz aus dem Wasser gezogen, und das Rößlein konnte endlich wieder einmal richtig Luft schnappen. Und bevor es sich dessen versah, purzelte es mitsamt den Fischen und Krebsen und Muscheln in ein großes Boot.

Mit Mühe stellte sich Hü auf die Beine. Nein, das war nicht das große Meerschiff, mit dem Hü nach Hause fahren wollte. Es war ein Fischerboot mit einem hohen Mast und einem roten Segel dran. Zwei braungebrannte Fischer schüttelten das Netz aus, und dann machten sie sich ans Verlesen des Fanges.
«Das war ja ganz lohnend heute», sagte einer. «Ein ganzer Haufen Sardinen. Und schau diese großen Krebse, die wollen wir selber im Salzwasser kochen.»
«Aber sieh einmal her!» rief ein anderer. «Was ist denn da?» Das ist ja ein Spielpferdchen! Wem ist wohl das ins Wasser gefallen?»
«Dummes Zeug!» sagte ein dritter. «Was sollen wir mit einem hölzernen Pferdchen? Wirf es wieder hinein!»
«Warum hineinwerfen?» erwiderte der Fischer. «Ich nehme es nach Hause. Vielleicht kann ich es für gutes Geld verkaufen.»
Das war Hüs Rettung. Der Fischer nahm das Rößlein und stellte es hinter ein großes Faß, das voll von Fischen war.
Am Abend fuhren sie zum Hafen zurück und stiegen ans Land. Der Fischer warf das Rößlein mitsamt den Fischen und den Netzen an den Strand. Hü war recht zufrieden, daß es dem Meere und dem garstigen Tintenfisch entkommen war. Aber wie sollte es nun über das Meer fahren? Mit dem großen Meerschiff zu reisen, davor hatte das Rößlein zu viel Angst. Vielleicht traf es da wieder die bösen Jäger, und das wollte es nicht um alles in der Welt. Und schwimmen? Das ging schon gar nicht mit dem vielen Geld im Bauch.
«Wenn ich nur den Seeräuber Hans finden könnte», dachte das Rößlein. «Der würde mich sicher wieder übers Meer fahren und niemand würde es wagen, mir etwas Böses zu tun.»

So riet Hü hin und her, wer ihm wohl helfen könnte. Da kam von der Wüste her eine ganze Schar von Störchen geflogen. Sie hatten großen Hunger und fragten Hü, ob sie wohl die kleinen Fische und Krebse herauspicken dürften, die im Netze hängen geblieben waren.

«Sicher dürft ihr das», antwortete Hü. «Ihr habt eine lange Reise hinter euch?»

«Wir haben den Winter in der Oase der Neger verbracht, und nun fliegen wir zurück übers Meer. Dort ist jetzt gewiß Frühling geworden», klapperte ein alter Storch.

«Übers Meer?» fragte Hü und machte lange Ohren. «Wirklich, fliegt ihr übers Meer?»

«Ja», antwortete der Storch. «Von dort sind wir doch im Herbst weggeflogen. Jedes Jahr, wenn es kalt wird, ziehen wir davon und kommen hierher. Und wenn im Frühling Eis und Schnee schmelzen, dann fliegen wir wieder zurück. Dann bauen wir auf dem Kirchturm ein Nest und brüten unsere Jungen aus.»

Da begann das Rößlein zu weinen. Seine Tränen tropften eine nach der andern in den Sand und auf das Fischernetz.

«Warum bist du so traurig?» fragte der Storch. «Ich habe dir doch nichts Böses gesagt?»

«Nein», schluchzte Hü. «Ich mußte nur wieder an den armen alten Onkel Peter denken. Oh, wäre ich doch auch ein Storch, dann könnte ich zu ihm übers Meer fliegen.»

«Über das Meer fliegen willst du?» fragte der Storch und trat von einem Bein aufs andere. «Was willst du denn dort?»

Da erzählte ihm Hü seine ganze Geschichte, wie es wieder in die Welt gezogen und so unglücklich aus dem Flugzeug des Königs gefallen und in den Urwald abgestürzt war.

Die Störche steckten die Köpfe zusammen und klapperten lange Zeit mit den Schnäbeln. Dann stelzte der alte Storch auf das Rößlein zu und sagte:

«Morgen ziehen wir von hier weg. Wenn du keine Angst hast, dann kannst du mit uns übers Meer fliegen.»

«O ja», jubelte da das Hü. «Gern will ich mit euch kommen.»

Doch plötzlich wurde es ganz nachdenklich.

«Aber ich habe doch keine Flügel, um mit euch zu fliegen», wandte es traurig ein.

«Das laß nur unsere Sorge sein», tröstete der alte Storch. «Wir werden dich übers Meer tragen. Wir binden dir einen festen Gurt um den Bauch, daran können wir dich halten.»

Da machte das Rößlein vor Freude einen Satz und vergaß sogar, dem guten Storch «Danke schön» zu sagen. Zufrieden kroch es unter das Fischernetz und schlief die ganze Nacht fest und tief.

Am andern Morgen waren die Störche früh zur Stelle. Sie knüpften Hü ein starkes Binsenseil um den Bauch und machten eine Schleife, wo man mit dem Schnabel anfassen konnte. Dann packte es ein junger, starker Storch, breitete die mächtigen Flügel aus, und los ging es, hinauf in die Luft. Bald sah Hü nichts mehr vom Fischerhäuschen und vom Hafen. Da war nur noch das weite blaue Meer und oben der strahlende Himmel.

Die erste Nacht schliefen die Störche auf einer Insel mitten im Meer. Da kannten sie einen Teich mit frischem Wasser und mit vielen Fröschen und Molchen drin.

Am nächsten Tag ging die Reise weiter.

«Wie lange müssen wir denn fliegen, bis wir übers Meer kommen?» fragte Hü.

«Heute abend sind wir am andern Ende des Meeres», antwortete einer der Störche. Und wirklich, bevor die Sonne unterging, sahen sie wieder Land. Und da lag auch ein Dorf. Doch die Störche wagten sich nicht hinein.

«Hier wohnen böse Buben», sagten sie. «Die werfen immer mit Steinen nach uns, wenn sie uns sehen. Und einige haben sogar richtige Gewehre!»

So übernachteten sie in einem kleinen Wäldchen an der Küste. Auch da fanden sie genug zu essen. Denn am Strande wimmelte es von Krabben und kleinen Fischchen.

Dann begann der dritte Reisetag.

«Heute kommt das schlimmste Stück», seufzte der alte Storch und nickte, daß der lange Schnabel auf und nieder wippte. «Heute müssen wir über die hohen Schneeberge fliegen. Auf der andern Seite der Berge liegt das Land vom Onkel Peter.»

Er zog die Schlaufe an dem Strick fest, an dem Hü angebunden war. Dann packte es der stärkste von allen Störchen mit dem langen Schnabel, und wieder ging es hoch in die Luft. Und als die Sonne ganz oben am Himmel stand, sahen sie von weitem das hohe Gebirge.

«Wenn das nur gut geht», sagte der alte Storch. «Da liegt noch so viel Schnee. Hat sich denn heuer der Frühling so verspätet?»

Schon flogen sie über die ersten Berge und höher, immer höher hinauf, bis sie nichts mehr sahen als lauter Eis und Schnee. Langsam wurde Hü kühl. Ein eisiger Wind blies ihm um die Ohren, und vor Kälte begannen ihm die Rädchen zu klappern.

Und immer höher stiegen die Störche, und immer kälter wurde es trotz der strahlenden Sonne.

Auch die Störche begannen zu frieren. Sie zogen die Füße dicht an den Bauch und versteckten sie in den warmen Federn.

«Auf der andern Seite der Berge wird es sicher wieder wärmer», versuchte der alte Storch zu trösten. Aber das nützte wenig. Die Störche begannen vor lauter Kälte am ganzen Körper zu zittern und mit den Schnäbeln zu klappern. Und auf einmal schlug der Storch, der das Rößlein trug, verzweifelt mit den Flügeln. Er wollte seine Begleiter zu Hilfe rufen. Aber schon war das Unglück geschehen. Vor lauter Kälte war ihm der Schnabel auf und zu geklappt, und das Rößlein war ihm entschlüpft.

«Hilfe!» schrie Hü. Aber schon wirbelte es durch die Luft und fiel mit dem Kopf voraus in ein tiefes Schneeloch.

Die Störche waren nicht weniger erschrocken als das kleine Hü. Sie kreisten über dem Schneefeld hin und her. Denn sie wollten das Rößlein nicht im Stiche lassen.

Aber es war schon spät am Abend. Der Wind blies immer schärfer. Und wenn sie nicht schnell ins Tal hinunterflogen, dann mußten sie elend erfrieren. Als sie das Pferdchen noch immer nicht sahen, machten sie sich auf und flogen traurig davon.

Hü wird vom Murmeltier gerettet

Es dauerte eine gute Weile, bis Hü sich aus dem Schnee gearbeitet hatte. Und als es endlich den Kopf heraus strecken konnte, da war die Sonne schon hinter den Berggipfeln verschwunden, und am Himmel begannen die Sterne zu funkeln.
«Brrr, wie kalt», seufzte Hü und zitterte am ganzen Körper. «Ich bleibe wohl besser hier bis morgen früh. Vielleicht kommen die Störche mich wieder suchen und bringen mich zu Onkel Peter, geradewegs in sein Häuschen.»
So grub es sich eine kleine Schneehöhle und schlüpfte hinein. Bis am Morgen schlief es ohne aufzuwachen. Und als es die Augen aufschlug, da strahlten die weißen Berggipfel schon im ersten Sonnenlicht.
Von den Störchen war aber nichts zu sehen. Die waren schon lange ins warme, grüne Tal hinuntergeflogen und wußten gar nicht mehr, wo sie das Rößlein verloren hatten.
«Nun, ins Tal hinunter wandern kann ich wohl auch allein», tröstete sich Hü und machte sich auf den Weg. Das heißt: einen richtigen Weg gab es da nicht. Ringsherum lag tiefer Schnee, und Hü mußte sich voranschaffen. Es war nur gut, daß es bergab ging. Denn aufwärts wären seine Rädchen wohl immer ausgerutscht. Mit Müh und Not rollte es von einem Schneeloch zum andern, und noch immer konnte es nichts sehen vom grünen Tal.
Wie Hü an einer großen Halde entlang rutschte, hörte es über sich ein gewaltiges Donnern.

«Ist das wohl ein Schneesturm?» fragte sich Hü und schaute nach allen Seiten zum Himmel. Doch kein Wölklein war zu sehen weit und breit.

Aber als das Rößlein den Berghang hinaufschaute, verschlug es ihm beinahe den Atem. Da kam eine riesige Lawine heruntergerast, gerade auf Hü zu. Es schaute nach allen Seiten, wohin es sich retten könnte. Doch schon sausten die ersten Steine und riesige Schneerollen an ihm vorbei, und Hü machte schleunig einen Sprung ins nächste Schneeloch.

Dann sah das Rößlein nichts mehr. Es hörte über sich nur das Donnern der Lawine und es wunderte sich, daß es nicht auch in die Tiefe gerissen wurde. Ganz klein duckte es sich in das Loch und wartete, bis das Tosen über seinem Kopfe aufhörte.

Als es endlich ruhig wurde, wollte Hü aus dem Loch herausklettern. Aber es mochte zwängen und zappeln und die Rädchen drehen so viel es wollte: es nützte nichts. Das Rößlein lag eingeklemmt in Schnee und Eis und Steinen. Und stockdunkel war es in dem Loch, denn die Lawine hatte alles tief unter sich begraben.

«Was soll nur aus mir werden?» dachte Hü und erschauerte vor Kälte. «Hier bleiben, bis das Eis schmilzt, das kann ich nicht. Bis dahin bin ich ganz erfroren.»

Mit so viel Glück war Hü über das Meer gekommen und allen Gefahren entronnen. Und nun lag es lebendig begraben in einem dunkeln Eisloch tief unter der mächtigen Lawine. Niemanden gab es weit und breit, der das arme Rößlein hätte retten können. Jumbo, die Kamele und die Störche, alle waren weit weg.

Hü war so traurig, daß ihm die Tränen in die Augen kamen. Aber die froren sogleich zu kleinen Eiszapfen.

Zum letztenmal versuchte das Rößlein, ob es nicht doch dem schauerlichen Tod im Eisloch entfliehen könnte. Aber es war vergeblich. Hü konnte nicht einmal mehr seine Rädchen bewegen. Sie waren ihm ganz angefroren.

«Onkel Peter! Onkel Peter!» rief das Rößlein in seiner höchsten Not. Aber Onkel Peter war weit weg, unten im Tal. Und sogar wenn er gewußt hätte, wo sein Rößlein war, hätte er mit seinen alten Beinen nicht mehr auf die Schneeberge klettern können.

Doch wie Hü Luft schnappte, um seinen letzten Seufzer auszustoßen, da begann sich in dem Loch etwas zu regen.

«Wer ist da?» fragte Hü und spitzte die Ohren.

«Das wollte ich auch eben fragen», antwortete eine Stimme aus dem dunkeln Loch. «Wer ist da in meine Höhle eingedrungen?»

«Ich bin das Rößlein Hü», sagte das Pferdchen. «Die Störche haben mich gestern fallen gelassen, und nun bin ich unter die Lawine gekommen.»

«Da hast du aber Glück gehabt», antwortete die Stimme. «Was unter die Lawine kommt, das schlägt sie kurz und klein. Weißt du auch, wo du bist?»

«Wie soll ich das wissen?» klagte Hü. «Hier ist es so dunkel, man sieht ja seine eigene Nase nicht. Bist du vielleicht ein Zwerg oder ein Berggeist?»

Da lachte die Stimme, daß es in dem engen Loche dröhnte. Aber Hü war es gar nicht ums Lachen.

«Sag mir lieber: kannst du mir hier heraushelfen?» sagte es. «Ich bin schon am Erfrieren.»

Und Hü begann zu schluchzen und zu weinen.

«Nun sei doch nicht so traurig», tröstete die Stimme. «So tief kann uns die Lawine nicht begraben haben. Noch bevor es Mittag ist, werden wir uns an der Sonne wärmen.»

Schon begann ein Kratzen und Bohren. Immer mehr Schnee und Eis fiel auf Hü herunter. Aber es wußte: nun war es nicht verloren.

Wirklich ging es nicht lange, da drang ein erster Lichtstrahl zum Rößlein herab. Und dann spürte es, wie es am Schopf gepackt und durch einen langen Schacht in die Höhe geschleppt wurde.

Als Hü ins Freie kam, war es zuerst ganz geblendet, so grell glänzte der Schnee in der Sonne. Aber dann konnte es endlich die Augen aufmachen, und es sah seinen Retter. Hü traute seinen Augen nicht. Das war kein Heinzelmännchen und kein Berggeist, sondern ein lustiges braunes Murmeltier.

Das Rößlein brauchte eine gute Weile, bis es sich von seinem Staunen erholt hatte.

«Wie kommst denn du hierher? Bist du mit der Lawine da heruntergekommen?» fragte Hü und rekelte sich im warmen Sonnenschein.

«Nein», antwortete das Murmeltier und leckte Hü den Schnee aus der Mähne. «Ich wohne hier. Da unten ist meine Höhle. Da habe ich den ganzen Winter über geschlafen mit meiner Frau.»

Hü schüttelte ungläubig den Kopf.

«Ja, mit meiner Frau», sagte das Murmeltier wieder. «Hast du denn keine Frau?» –

Und dann pfiff das Murmeltier dreimal so laut, daß das Echo von den Bergwänden widerhallte. Nicht lange ging es, da tauchte aus dem Loch die Murmeltierfrau hervor. Sie staunte das kleine Holzpferdchen an. Und Hü mußte den beiden erst einmal erzählen, wie es nach seiner langen Reise durch die weite Welt in diese hohen Berge gekommen war.

Und dann wäre Hü am liebsten schnell weitergewandert, die weiten Schneehalden hinunter ins grüne Tal. Aber die Murmeltiere sagten, dafür sei es nun schon zu spät.

«Morgen wollen wir zusammen loswandern. Wir haben großen Hunger. Der Frühling hat sich verspätet und wir haben unseren ganzen Heuvorrat aufgegessen. Morgen gehen wir zur Alp hinunter. Da gibt es sicher schon frisches Gras und zarte Kräuter.»

Als es Abend wurde und der eisige Wind wieder von den Bergen herunterblies, schlüpfte Hü mit den Murmeltieren in die warme Höhle.
«Nun kann es nicht mehr fehlgehen», dachte Hü. «Morgen bringen mich die Murmeltiere zu Tal. Und dann ist es sicher nicht mehr weit zum Dorf, wo Onkel Peter wohnt.»
Es kroch ganz nahe zu den schnarchenden Murmeltieren und träumte mit frischem Mut dem neuen Tag entgegen.

Hü kommt nach Hause

Ganz früh am Morgen machte sich Hü wieder auf die Reise. Wie gut, daß es die Murmeltiere gefunden hatte. Denn allein wäre es wohl nie aus dem vielen Schnee und Eis herausgekommen. Aber die Murmeltiere zogen und schoben es munter voran, rutschten mit ihm die weiten Schneehalden hinunter und kamen bald zu einer grünen Alp. Da blühten schon die Krokusse und Soldanellen, und die Murmeltiere fanden zartes süßes Gras und gute Kräuter in Hülle und Fülle.
«Hier führt der Weg zu Tal», sagten sie zum Rößlein und zeigten ihm einen Pfad. «Da kommen jedes Jahr die Kühe herauf zum Weiden.»
Von der Alp sah man weit ins Land hinaus. Dort lag kein Schnee mehr, da waren lauter Wiesen und Wälder. Und dazwischen lagen die Dörfer eingebettet mit roten Ziegeldächern und hohen Kirchtürmen.
Hü dankte den Murmeltieren und rollte den Pfad hinunter. Zuerst kam es durch grüne Halden mit feinem Gras und vielen Alpenrosensträuchern. Dann führte der Weg im Zickzack durch einen großen Tannenwald, wo die Eichhörnchen spielten und an langen Tannzapfen herumknabberten.
Noch bevor es Abend wurde, kam Hü zu einem Bach, und da fand es auch eine Landstraße. Das war ein Glück für das kleine Rößlein. Denn auf dem holperigen Bergpfad waren ihm beinahe die Rädchen abgebrochen.
Hü schlief in einem Heuschuppen, und am nächsten Morgen rollte es weiter der Straße entlang.

«Diesen Wald kenne ich doch», sagte Hü auf einmal. «Da bin ich ja mit Onkel Peter schon vorbeigekommen.»

Und wirklich kam Hü bald ins Dorf, wo es Onkel Peter verlassen hatte. Es rollte durch die Straßen, und das Herz klopfte vor Freude auf das Wiedersehen.

«Was Onkel Peter für Augen machen wird, wenn ich plötzlich an seine Türe klopfe», dachte das Rößlein und drehte seine Rädchen noch schneller. Dann bog es um die letzte Straßenecke und stand vor dem Häuschen.

Einen Augenblick blieb Hü stehen und wartete, ob nicht vielleicht Onkel Peter zum Fenster hinausschaute. Aber kein Mensch regte sich, und aus dem Kamin stieg nicht das kleinste Räuchlein.

Da rollte Hü zum Stall und wieherte laut. Es wollte Onkel Peters Kuh schnell guten Abend sagen. Aber die Stalltüre stand weit offen, und Hü konnte suchen so lange es wollte, da war keine Kuh zu sehen.

«Ob Onkel Peter wohl verreist ist», dachte Hü. «Vielleicht ist er wieder auf die Wanderschaft gezogen? Ich bin ja so lange fortgeblieben, und da hat er sicher Hunger bekommen und mußte wieder Geld verdienen.»

Endlich ging Hü zur Tür hinein und rollte in die Stube. Aber niemand war da zu sehen. Und sogar die Kuckucksuhr an der Wand stand still.

Das Rößlein kletterte zur Arbeitskammer hinauf, in der Onkel Peter seine Spielsachen geschnitzt hatte. Da lagen die Messer und Spachteln und Hämmer auf der Hobelbank, und alles war grau von Staub.

«Vielleicht ist das alte Weiblein in der Küche und kann mir sagen, wo Onkel Peter hingegangen ist», dachte Hü und ging vorsichtig die Treppe hinunter. Aber auch in der Küche war keine Menschenseele.

Da wurde Hü ganz bange. Es rollte in Onkel Peters Kammer, legte sich in sein Bett und vergrub den Kopf im Kissen.

«Onkel Peter! Onkel Peter!» schluchzte das Pferdchen. «Wo bist du? Hast du dein Rößlein Hü ganz vergessen?»

Und der Schmerz schüttelte seinen armen Körper vom Kopf bis hinunter zu den Rädchen.

Es war ein Glück, daß Hü von der Reise todmüde war. So wurde es immer stiller, und bald fiel es in einen tiefen Schlaf. –

Als das Rößlein am nächsten Morgen erwachte, schaute die Sonne schon zum Fenster herein. Hü wußte zuerst gar nicht mehr, wo es war und rieb sich verwundert die Augen.

Dann kam ihm in den Sinn, wie es gestern nach Hause gekommen war und Onkel Peter nicht mehr gefunden hatte. Wieder stiegen Hü die Tränen in die Augen. Da hörte es, wie die Türe aufging. Schnell erhob es sich aus dem Kissen, und fast fielen ihm die Augen aus dem Kopf. Da stand auf der Schwelle eine kleine Hü-Frau.

«Wo ist Onkel Peter?» fragte Hü, als es sich von seinem Staunen erholt hatte. «Und wer bist denn du?»

Da wischte sich die Hü-Frau eine Träne aus den Augen.

«Liebes Hü», sagte sie leise. «Sei nicht traurig! Ich muß dir eine schlimme Nachricht geben. Du warst noch nicht lange weg mit den vierundzwanzig Rößlein, da sind der Onkel Peter und das alte Weiblein gestorben. Aber bevor er starb, da schnitzte er mich mit seiner letzten Kraft. – ‚Das liebe Hü soll eine nette kleine Frau haben, wenn es zurückkommt', sagte er, ‚dann wird es nicht

so traurig sein.' – Und da hat er mich geschnitzt. Was meinst du dazu? Wenn du mich leiden magst, dann will ich gern deine kleine Hü-Frau sein.»
Hü sagte nichts. Es machte die Augen zu, und die Tränen rollten ihm über die Backen. Da holte die Hü-Frau warmes Wasser und Seife, um das arme Hü schön sauber zu machen. Von der Mähne bis zu den Rädchen bürstete sie das Rößlein, denn es war noch ganz voll Staub von der langen Reise. Dann kämmte sie seine Mähne und den Schwanz und brachte ihm etwas Gutes zu essen. Auch die Nachbarn kamen mit ihren Kindern. Alle waren glücklich, daß ihr Hü gesund und munter heimgekehrt war.
Da wurde auch Hü wieder froh zumute.

«Wie gut es der Onkel Peter mit uns gemeint hat», sagte Hü. «Ich will jetzt nicht mehr traurig sein. Gewiß werde ich gern hier bleiben, und du sollst meine kleine Hü-Frau werden und immer bei mir wohnen.»

So lebten beide glücklich in Onkel Peters Häuschen. Übers Jahr kam ein kleines Rößlein zur Welt, und nächstes Jahr noch eins. Und schließlich hatten Hü und seine Frau ein ganzes Dutzend kleine Hü-Kinder. Und wenn die Hü-Kinder nicht fortgezogen sind, dann hausen sie noch heute beisammen, und jeden Abend erzählt ihnen der Hü-Papa, was er in der Welt draußen alles erlebt hat.

3p 18.80